コッツウォルズ大人留学日記

イングリッシュガーデンを学びたくて…

杉山美恵子
Mieko Sugiyama

文芸社

まえがき

ガーデニングやイギリスに興味を持ち留学にまで至ったのは、ペットのミントのおかげだと思っています。ミントはシェットランド・シープドッグ（シェルティ）です。

現在の家に引っ越してきたのは2000年、ミント6歳の時でした。それ以前の家はミントにとっては割と快適な場所だったようです。リードを長くしておいたので、夏は物置の床下で涼み、冬は玄関フード内で暖まり、犬舎や家の周りを自由に動き回っていました。しかし転居した家にはそのようなスペースはなく、ミントを見ていると居場所がなく戸惑っているような感じがしました。庭はありましたが雑草と木が数本、あとは砂利で、所謂「荒れた和風の庭」といった感じでした。せめてミントの犬舎の周りだけでもと、砂利をよけて芝生にしてみました。いい感じです、ミントも嬉しそうに走ったり転がったり気持ちよさそうです。これだ！と思い、巻き芝を更に購入し芝生地を拡大、これでミントの居場所が出来ました。しかしその後、ミントのおしっこで芝生は焼けてしまいドット柄の芝生になってしまいました。そこで一部レンガを敷き詰め始めました。次にミントをリードでつながなくてもよいようにと塀を業者に発注しました。塀のないところはバラなどを植え植栽で生垣のようにし、ミントが道路に出ないようにしました。この間、いろいろなガーデン雑誌を読み、ガーデンショップにも通い、次第に当時流行り始めたイングリッシュガーデンに憧れるようになりました。庭仕事の時には常にミントがそばにいて、私はミントに話しかけながら作業をしていました。

そんな折、あるガーデン雑誌企画のイギリスの庭園巡りの旅行に参加しました。その時からイングリッシュガーデン、イギリスの虜になりました。とりわけコッツウォルズ地方に魅せられ、いつの日かここに住みたい、ここでイングリッシュガーデンを学びたい、というのが私の夢となりました。帰国後そのために英語も習い始めました。ガーデニングにものめり込み、近隣のガーデナーと交流を持つようになり、ついには北海道全体のオープンガーデンにも参加することになりました。それが2009年のことです。しかしそのオープンガーデンの前日、ミントは息を引き取りました。一年前から癌と言われ、安楽死も勧められていましたがそんなことはできるわけもなく、しかし覚悟をして日々過ごしていました。よく頑張ったと思います。火葬後の遺骨は娘と一緒に庭に埋めました。ミントとともに歩んできた庭ですが明日からオープンガーデンということで、ミントから庭を見に来てくださる方々に、庭が引き継がれたような気がしました。ミントも安心して逝ったのではないか、ミントがつなげてくれた皆さんとのご縁ではないかと思っています。

その後もイギリスにガーデン留学したいという夢はどんどん膨らんでいきイギリスという言葉にはすぐに反応するようになりました。そして２０１６年チャンスとなりそうなタイミングが来ました。今だ！　英語はまだまだだけれど留学決行です。ブログやフェイスブックも始めて毎日、日記風にアップしました。そして私のチャレンジの記念としてそのブログを今回まとめてみました。

車での移動が日常だった私が歩きに歩き、足も靴もボロボロになり、失敗や後悔もたくさんあったけれど、私のもてる力を十二分に発揮できた留学生活だったと思います。「60過ぎのおばさんが留学？　どんな風に？」と、興味深く読んでいただけると幸いです。

目次

コッツウォルズ大人留学日記

イングリッシュガーデンを学びたくて…

お正月、災い転じて福となす

２０１６年1月某日、私の勤務先に本社から上司が来ました。いつものように世間話などしていると突然「ところで3月いっぱいで管理職を降りていただくことになっておりますがご存知でしたか？」寝耳に水でした。

今の店舗は立ち上げから関わってきてやっと落ち着いてきたところでした。理由は60歳になったからとのこと。しかしこの会社からお誘いを受けたとき、定年はないという条件だったはず…。

腑に落ちないまま帰宅後、家族に話すと娘が「お母さん、いい機会じゃないの、仕事辞めてイギリス行ったら？」

確かに「定年退職したらイギリスに留学したい」これが私の口癖でした。

四十代後半から興味を持ったガーデニング、それが昂じてガーデン関連のもの、特にイングリッシュ・ガーデン、そしてイギリスに関することにはなんでも反応するようになっていました。50歳で初めて行った英国ガーデンツアーでは右も左もわからず、コッツウォルズは町の名前だと思っていたくらいの知識の乏しさでした。そしていざ行ってみると、コッツウォルズ地方の素晴らしさに圧倒されました。いつかコッツウォルズに住んでみたい、そこでガーデニングを学びたいと思うようになりました。帰国後、英会話を学び始め、イギリス情報誌を定期購読し、相変わらずガーデニングに勤しみ、いつかイギリスガーデン留学を、と夢見ていました。数年前、定年退職のない職場に転職してからは、どのタイミングで退職してイギリスに行こうか、あまり年を取ってからでは体力的にも難しいだろうし、と漠然と考えていました。

突然の降格話に少し被害者気分になっていた私でしたが、娘の一言に背中を押されました。

そうだ、いい機会だ！　長年の夢を実現させよう！　ありがたいことに両親はまだ元気だし、今なら娘が留守番をしてくれそうだし、行ってこよう！

自分の中では、災い転じて福となす、といった気分になりました。

留学エージェンシー決定

しかし、ガーデン留学といってもどこにお願いすればいいのだろう？

以前から定期購読していたイギリス情報誌ミスター・パートナーに出ていた留学エージェンシーに電話をしてみることにしました。私の希望（期間は5月から三ヶ月間くらい、コッツウォルズ地方に住みたい、ガーデニングを学びたい）を伝えその可能性と費用について3社からお返事をいただきました。

＊雑誌でよく宣伝しているA社‥

私がイギリス滞在中にあちこち行ってみたいと言ったためか見積り額が高額、ガーデン留学施設はコッツウォルズ地方には見当たらない

＊シニア留学生の経験談が雑誌に出ていたB社‥

とても素早い親切な対応、費用もA社の半分、ただし航空会社は大韓航空、ガーデン留学施設はコッツウォルズ地方には見当たらない

＊イギリス旅行専門のC社‥

留学に関しては取り扱ってない

結局A社かB社で悩んだ末、どんな細かな質問でもすぐに親切に対応してくれるB社に決めました。

大韓航空は利用したことがなかったので少し心配でしたが、私の住んでいる北海道から東京経由しなくてもロンドンに行けるというのも簡単そうだったし、現地に日本

語のできるコーディネーターがいてサポートしてくださるというのも安心できそうでした。ただB社の回答でも、コッツウォルズ周辺にはガーデン関連を学ぶ施設は見あたらない。語学学校はあるのでこの学校に入り、週末のボランティア活動でのガーデニングやガーデン訪問でも十分ガーデニングが学べるのでは？　ボランティアでガーデニングできるところは確保しています、ということでした。

不安、疑問、質問いっぱい

この頃の私は疑問、質問でいっぱいです。

＊語学学校は60歳過ぎても大丈夫？　授業は午後もあるの？
＊5月とは言ったものの、いつ出発すべき？　帰国はいつにしよう？
＊語学学校は月曜日スタートなら土曜か日曜に出発すべき？
＊ソウル・インチョン空港で乗り換えらしいけれど大丈夫？
＊ロンドンのヒースロー空港についてからはどうしたらよいのか？
＊フラワーショー（チェルシー、ハンプトンコート）にも行ってみたいが方法は？

＊こんな片言の英語で大丈夫か？
＊国際免許証は取得していった方がいいか？
＊ナショナルトラストの会員になった方がいいか？
＊スマホだけで大丈夫か？　パソコンや、タブレットも持っていった方がいいか？
＊通信はどうすればよいの？　Ｗｉ－Ｆｉ？
＊スマホの機能もよく分かっていない私、Ｓｋｙｐｅとかできるかしら？　メールは？　ＬＩＮＥは？
＊パスポート切れていた！　写真撮って早く申請しなきゃ。
＊もう、世の中にトラベラーズチェックというのは無いらしい、現金たくさん持って行くべき？
＊イギリスでお金を引き出したいときは？
＊ホームステイということだがお土産は？
＊イギリスに行ってからあちこち旅行したいと思っているのだけれど、手配はどうしたらいいの？
＊イギリスでは60歳以上はシニアレールカードで電車が割引になるらしいが、どうすればいいの？

＊キフツゲートガーデンでボランティア作業させていただきたいが無理かしら？
等々

これらの疑問にB社のMさんは一つ一つ丁寧にお答えくださり、私もそれに応じていろいろな手続きをし、準備は進んでいきました。

ホームステイ先

3月某日エージェンシー（B社）のMさんからホームステイ先が決まったと連絡が来ました。ジュリアさんという70歳のご婦人一人暮らしのお宅です。写真もありました。とても感じが良い印象でした。多趣味でシニアライフを楽しんでおられる方のようです。手紙を書いてみることにしました。現地コーディネーターのヴィンセントの写真もありました、彼はすでに二つのフラワーショーのチケットもとってくださり、ガーデンボランティアや個人のお宅のガーデニングのお手伝いに関してもの交渉してくださっているようでした。本当にありがたいです。この代理店にしてよかったと思いました。

人のつながり

準備しながら、いろいろなシニア世代のホームステイ留学に関する本なども探し読んでみました。その中で、特に興味深く読ませていただいた本があり、どうしてもその方に直にお話を伺いたいと思い、出版社の方にコンタクトを取っていただきました。そして、お電話のみならず、お会いすることもできました。いろいろ参考になるお話をお聞きしました。そしてその方は、「私も行ってみようかしら？」とおっしゃって6月に本当にイギリス旅行を敢行、チェルトナムでお会いすることができ、私のホームステイ先にご案内しました。その後、今でもメールやフェイスブックで交流は続けさせていただいています。

また、日本でイングリッシュガーデニング教室に通っていましたがその先生は、毎年イギリスに行っておられるのでお話を伺いに行きました。私がピーターラビットで有名な湖水地方にも行ってみたいと話すと、作者のポターの家の見学は予約制であることやピーターラビットのアトラクションがあることなど教えていただきました。ついでにユーロスターに乗ってパリに行き、モネの庭のあるジヴェルニーにも行った方がよいなどのアドバイスもいただき、私の希望は膨らんでゆきました。

そして娘に勧められ、ブログ始めてみようかしら？　私のようなおばさんの留学経験にも興味を持たれる方もいるかもしれないと思い、始めることにしました。

いつ£に両替する？

ここ一、二週間、£（ポンド：イギリスの通貨）のレートを毎日チェックしています。エージェンシーのMさんのアドバイスでレートの一番良い時に両替しようと毎日ネットで見ています。手数料は業者によっても違うのですね。当たり前ですが、新聞よりもネットの午前11時のデータがその日の最新ということ、銀行もあるけれど北海道の場合、ネット注文の宅配の方が安いこともわかってきました。また、£は週明けには安くなる傾向にあることもわかってきました。銀行によっては、日本の銀行に円で預けておいて、イギリスでその時のレートの£で引き出せることもわかり、そこの口座を早速作りました。

荷物ホッとした

荷物のことで憂鬱でした。いろいろな場面を想定しているうちにすごくなって、お土産もあれもこれもと、とりあえずパッキングしてみました。15kg、まだ余裕、確か20kgまで？

これからシャンプー、トリートメント、和食材料、海苔巻きも作りたいし、お土産として抹茶やわさび味のお菓子も入れたい。靴も３足は持っていきたいけれど大丈夫そうかしら？

電気の差し込みプラグについても、イギリスではＢＦタイプという三口が主流ですが二口のところもあるのでマルチタイプも持っていった方がよい、また日本は１２０Ｖだが向こうは２４０Ｖなのでそれ用の電気製品かどうか確認すべきということも知りました。知らなかったことがいっぱいです。

返事が来た！

4月初めにホームステイの受け入れ先のホストマザーに手紙を出しました。拙い英文で英会話スクールの先生に添削していただき、投函しました。エージェンシーのMさんからは返事は来ないと思います、とお聞きしていたのですが、来たのです！

4月初旬の九州の震災のニュースを見て、大丈夫か?と心配してくださっていました（九州と北海道は近いと思っていたようです）。

なんだか感激してしまい、おもいきって国際電話してみました。でも留守電でした。

只今、準備中

とりあえず£500両替しました。しかしこの後、もう少し安くなりました、結局同じ£500でも日本円で3000円も違いました。外貨レートって微妙ですね。

チェルトナムの地図もネットで見て把握、ストリートビューも確認しました。素敵な街並みでした。ランディングカードの記載、入国審査時の受け答えも練習しました。ヒースローのアライバルロビーも確認しました。しかし不安は付きまとっています。

証明写真

今朝のTVで顔認証システムを導入しているところが多くなっていると取り上げられていました。従来でいうと証明写真もその類かな?と思うのですが、今年に入って顔写真が何度も必要になりました。そして何度も写真屋さんへ足を運びました。リストにしてみます。

パスポート（写真の顔のひどさにショックを受け二回も撮り直しました）、マイナンバーカード（あまり留学には関係なかったかも）、留学申込書、ホームステイ先に送る写真、国際免許証、等々。

本当ならもうイギリスにいるはず？

いよいよあと5日で出発です。当初の予定では5月8日に出発の予定でした。そうしないと8月に入っている帰国後の仕事予定に間に合わないからです。しかし8日出発と15日出発では航空券の価格が4万円も違っていました。8日はGWの最終日だったからです。どうしようかと悩みましたが、結局帰国後の仕事予定を一週間スライドさせ出発は5月15日に決めました。

もし8日出発だったとしたら本来ならもう語学学校で授業中かな?と思うと大丈夫？　私、と不安です。英語もさることながら毎日お風呂上がりにビールを飲んでソファーに寝転んでいる私が、ホストマザーとうまくやっていけるのかしら?と思ってしまうのです。

ガーデニングできそう

エージェンシーのMさんからメールがきました。

今日、現地コーディネーターから連絡あったとのこと。ガーデニング作業を手伝わせていただけそうな所が二ヶ所見つかったとのこと、うれしい。

このところマリッジブルーならぬ留学ブルーになりそうなくらい不安でした。一人おいてゆく娘は大丈夫かしら？（もう十分大人で一人暮らしもしたことがあり大丈夫なはずなのに）フライトは長いけれど私の体力は大丈夫かしら？　連ドラが見られなくなる、ラーメンやお寿司食べられなくなる等々、まるでもう、一生帰ってこられないかのような、未開の地にでも行くような雰囲気です。あと三日、心残り無いようにラーメン、お寿司、カレーは食べておこう。

おみやげ

ホームステイ先や現地コーディネーターの方などへのお土産は何がいいかしら？イギリス行きが決まってからずっと考えていました。経験談や留学マニュアルを読んだり、エージェンシーのMさんに聞いてみたり、母から着なくなった羽織や帯でも譲り受け持っていこうか、京都に行く機会があるのでその時にお土産は買おうか、などと思っていました。しかし京都であまり買い物はできず、結局地元小樽の土産物屋さんで用意しました。英語教室の先生に聞いてみると、抹茶のキットカットがいいとのこと。ドン・キホーテで大量買いしました。

用意したものをリストアップしてみましょう。

日本茶ティーバッグ、抹茶と茶筅、和風柄のハンカチやスカーフ、手ぬぐい、富士山型になるティッシュケース、だし汁、舞妓さん柄の爪切り、あぶら取り紙、クリアファイル、箸、金平糖、柿の種、キットカット、日本模様のマスキングテープ、レターセット、扇子とケース、風呂敷、等々。

ホストファミリーに海苔巻きをご馳走したいと思い、巻きすや海苔、パウダー状の

す し酢、お吸い物も用意しました。重量制限がなければ海苔佃煮や梅干しもと思いましたが諦めました。

重量制限との攻防

前回荷物を詰めてみて余裕だったので、その後靴やお土産、本、化粧品など詰め込み、計ったら23kg！　20kgまでと聞いていたので慌てて日焼け止めクリーム1本まで検討をし、あれこれ減らしてあとは手荷物にしようと思い手荷物は何キロまでかと大韓航空に聞いてみました。するとスーツケースは23kgまで、手荷物はバッグも入れて12kgまでとのこと。わたしの今までのグラム単位での攻防は何だったのでしょう？減らしたものを戻し、更にパーカーとスカートも詰め込みました。

スーツケースは空港の国際線カウンターまでヤマト運輸に運んでもらえることが判りお願いしました。便利なシステムがあったのですね。

チェルトナムまでの交通手段

いよいよ明後日出発です。

自宅から千歳空港まで娘に車で送ってもらおうとしたら車の運転が苦手な彼女は不安そう、荷物も送ったことだし電車で空港まで行くことにしました。

千歳からソウル・インチョン空港まで約三時間、その後乗り換えて約十一時間のフライトでロンドンヒースロー空港到着予定。目的地のチェルトナムはロンドンからバスで約二時間のコッツウォルズ地方で二番目の街（州都ではない）。温泉があり貴族の保養地として昔栄えたらしい。有名ブランドからファストファッションショップまで一通りそろっているとのこと。ヒースロー空港には夕方5時ころ到着予定だが、そこからスーツケースを持って一人でバスに乗っていけるだろうか？　とても心配でした。するとエージェンシーのMさんから連絡が入り、£105で迎えに来てくれるとのこと、即、お願いすることにしました。待ち合わせ場所の空港内のカフェの写真も送られてきました。迎えに来てくださるのは現地コーディネーターのボスで日本語もできる方とのこと、ほっとしました。

あとは長時間フライトでエコノミー症候群にならないよう注意するのみです。

準備いろいろ

今回の渡航にあたって、いろいろな手続きをしました。
・国際免許証の発行：写真のサイズが合わず二回も警察署へ、その後なかなか連絡が来ないので問い合わせると、どうやら忘れられていた様子、これなら直接自動車試験場へ行けばよかった。
・国際キャッシュカードの発行のために新規口座開設。
・銀行での英文残高証明発行依頼：これも印鑑が不一致で二回も足を運んだ。
・英国ナショナルトラストの会員申し込み。
・スマホでスカイプをできるように娘にダウンロードしてもらいセット。
・スマホだけでは心配なのでタブレット購入、ＳＩＭフリーにするか悩んだ末Ｗｉ－Ｆｉ対応の方にした、このため何度もヨドバシへ行き相談、でも後で考えるとスマホだけで大丈夫だったかも。

この準備期間中、為替レート、荷物移動や重量、通信システムなどについてもいろいろなことを勉強しました。

出発前日

娘と温泉に行きました。お寿司も食べました。

思い残すことはありません（なんだか永遠の別れみたいです）。

出発

5月15日、いよいよ出発です。離陸は午前8：30。

スーツケースはヤマト運輸のカウンターが7：30にオープンすると同時に受け取りすぐに出発手続き。荷物はすんなりOK、重量測定をしている様子もなかったみたい、あの私の重量攻防は何だったのでしょうか？　疑問符の残るまま出発ロビーへ。

千歳空港とはいえ、さすが国際線。抱き合ってキスをして別れを惜しむカップルもいました。ここで私も娘に「行ってまいりまぁーす」と手を振り出発です。

乗り継ぎ

ソウル・インチョン空港で乗り継ぎです。心配でしたがソウルまでの便で隣だったご婦人も同じルートだったのでついて行きました。彼女は以前にもこのインチョン経由フライトを使ったことがあり、今回はここソウルで友達と合流予定とのことでした。私は一人になってしまいましたが、日本とＬＩＮＥがつながることもわかり、乗り継ぎロビーでジュースを片言英語で購入、余裕です。ロンドン行の便は窓際で割とゆったり。隣の方は若い韓国人女性、仕事でロンドンに行くそうです。とてもいい感じの方です。これならあと十一時間大丈夫そう。

機内食

千歳を出発してまだ六時間しかたってないのにもう二回も食事しました。

一食目は千歳－インチョン間で、ビーフの焼肉丼（ビビンバ風）、シュリンプサラダ、フルーツ、パン、お茶、ジュース。

二食目は乗り継いで割とすぐに、ビーフシチュー&ポテト&ブロッコリー、サーモンとセロリときゅうりのサラダ、パン、チーズケーキ、ビール、コーヒー、ビールのつまみ。

苦しい、太りそうです。

到着

やっと着きました。

機内では食事の回数にびっくり。結局、軽いものも含めて五回くらい出たように思います。最後の方になると、食事準備の匂いだけで気持ち悪くなりました。

しかし、それ以外は快適で十年前にイギリスに行った時ほどフライトは辛くなく、長くも感じずに済みました。スーツケースは無事到着していました、良かった。それから入国手続きですが、終わるまでには随分と時間がかかりました。長蛇の列でした。入国カードも練習した通り書いたし、帰りの航空券、学校の受け入れレター、英文銀行残高証明書などを用意し列に並びました。

入国目的を聞かれたら、

"Study English at Inlingua Cheltenham 10 weeks and homestay experience in Cheltenham."

と答えるように教えていただいていたので練習していったのですが"Study English"だけでＯＫでした。

入国審査が終わりロビーに行き写真で見た待ち合わせのカフェを探していると、現地コーディネーターのヴィンセントが立っていました。これも写真でお顔を見ていたのですぐにわかりました。

片言英語でご挨拶をすると、早速荷物を持ってくださって（さすが英国紳士）駐車場へ。車はホンダ車でした。彼は日本に九年くらい住んでおられたそうで、日本通です。

やっと落ち着いた

チェルトナムのホストファミリー宅についたのは夜の9時ころでしたが、まだ明るく夕方といった感じでした。緯度が高いのでこの時期は日照時間が長いサマータイムなのです。

ご挨拶をして食事は?と聞かれ、No. Thank you と答えＷｉ－Ｆｉ番号を聞き、つながせていただきました。そして娘にＬＩＮＥを送ってみました。

お茶とお菓子を用意してくださり、少しお話をして、私の部屋へ案内されました。

女性らしい配慮がされた部屋でした。

シャワー、片付け、明日の準備など終わりベッドへ。

やや疲れたけれど無事着いてホッとしました。

語学学校、初日

今日は語学学校初日。ホストファミリー宅から学校まで、ホストマザーのジュリアが連れて行ってくれました。歩いて約20分位でした。

先ず、試験です。この成績でクラス分けされます。

試験の部屋にはもう一人の新入生がいました、男性です。思いきって聞いてみました。

"Where are you from?"

"Japan."

なんと！　その男性も日本人でした。ホッとすると同時に「ほんとですか？」思わず日本語が出ました。大阪から来た方でした。しかし先生がすぐに来て試験開始となったのでそれ以上は話せませんでしたがとても心強く感じました。

100問くらいあるペーパー試験でした。

その後、教頭先生のような方による個別面接（インタビュー）。

つぎに、学校の回りや近隣の施設の紹介をしながらの散歩をして終了となりまし

語学学校 inlingua Cheltenham

た。

試験の結果、一緒に試験を受けた日本人男性Mさんと同じクラスになりました。

その日の午後は私の場合、現地コーディネーターのヴィンセントのオリエンテーションとチェルトナム近郊ドライブのスケジュールになっていました。同じクラスになったMさんは一人で心細そうだったけれど現地コーディネーターのヴィンセントとの待ち合わせ時間だったので「また明日」と言って外に出ました。

オリエンテーション

オリエンテーションではヴィンセントの車でチェルトナムの街の主な道路、ホストファミリー宅からの経路など教えられましたがよくわからずとりあえず目印となるところの写真を撮っておきました。その後はチェルトナム周辺観光でした。また隣町にあるもう一つの学校にも案内され、希望ならそこには授業料無料のフリースクールもあると教えていただきました。ただ、日本にいる時に聞いていたガーデニング作業のボランティアができるバタフライガーデンについては否定的で、やめた方がよいと言われ、代わりに大きな庭のある個人宅に連れて行っていただき、近いうちにガーデニングさせていただけるようお願いしていると紹介されました。

作業希望の日などはお互いコンタクトを取って決めるようにとアドレスを教えていただきました。

周辺観光で行ったスウィンドン・ビレッジという村はよく雑誌で見かけるコッツウォルズの古い家々がある村で、とても可愛らしいところで感激でした。

今日から授業

私のクラスのメンバーは５人です。試験を一緒に受けた日本人のＭさん、オマーン、クウェート、エクアドルから来た若者たちです。先生も含め各々自己紹介をし、その後授業がはじまりました。文法を中心としている授業で学生時代を思い出しました。

午後はバスに乗ってもう一つの学校に授業申し込みに行ってみました。

コーディネーターのヴィンセントに昨日案内されたグロースター・カレッジという

ところで、週に一回行くことにしました。

夜はホストマザー、ジュリアのコーラスグループの練習についてゆきました。

大勢のジュリアのお友達に紹介されました。練習風景を見ているうちにこっくりこっくり眠りそうに、いかん、いかん。

今日は雨

イギリスの雨は、紳士が傘を持って歩く姿に代表されるように本当に頻繁です。今日は雹まで降ってきました。私が到着した日と、その翌日は本当に良いお天気でした。五月晴れ（イギリスでは言わないかな？）といった感じでしたがそれはとてもラッキーなことだったようです。夜は特に寒くて、今日はM＆Sで新たにタイツやカーディガンを買いました。

イギリス人は少しくらいの雨では傘は使わないというのもウソでした。皆さんちゃんと使っています。ホストマザーは毎日絶対もって出かけるとのことです。

雨でしたが、学校を二つ掛け持ちしてみました。ブロースターの方はちょっと難しかった、薦められて入ったクラスだけれど私にはハイレベルのような気がしました。新たな日本人3人に会いました、日本人に会うと嬉しくなり話しかけてしまいます。

　雨だったので歩かずにバスに乗って帰ってきて夕食まで宿題をしました。すっかり学生です。

湯たんぽ

昨夜は凄く冷えたのでジュリアが湯たんぽを用意してくださいました。とても暖かくて朝になってもこのままベッドの中にいたい気分でした。イギリスではhot water bottle というらしく今もポピュラーなようです。そういえば日本でも私の好きなイギリスブランドのマーガレット・ハウエルのショップにありました。

今日も雨かな?と、ブラインドを恐る恐る開けると　良いお天気!

さあー思い切って起きよう!　楽しい一日になりますように。

通学路

学校までの道にもすっかり慣れました。街並みがきれいで嬉しくなってしまいます。

藤の花が真っ盛りです。これって日本の花と思っていたのですが、あちこちにあり、家の壁を飾っています。街にはサックスを吹いているおじさんもいます、ストリートミュージシャン？

ホルスト・バースプレイス博物館

金曜日の午後ガイドブックに出ていたホルスト・バースプレイス博物館まで歩いて行ってみました。交響曲「惑星」特に「ジュピター」で有名なあのグスターヴ・ホルストです。彼の生家はそのまま残されていて、当時の家の内部や生活の様子をとても興味深く見ることができました。小学生の体験学習の場所にもなっているそうです。

バース（Bath）

土曜日、一人でバースへのバスツアー（シャレではありません）に参加しました。チケットはバス会社のような旅行会社のようなところで売られており毎日いろいろなツアーがあり、月ごとに一覧表のパンフレットが発行されています。

バースは紀元前にローマ人によって開かれた温泉保養地だったそうです。英語でお風呂のことをバス（Bath）というのはここが由来なのだそうです。ローマンバスの遺跡や寺院（Abbey）、女流作家ジェーン・オースチンの記念館など見てきました。一人だったので、バス（Bus）を降りてからどちらへ向かえばよいのかわからず、下車した皆さんが歩く後についてゆき、あるグループ（私と同世代位の七人組）に“Can I follow you?”と聞いてみました。とても優しい方たちで、笑顔でＯＫ！と言ってくださって一緒に観光をし、お昼も一緒にいただきました。その後、どうしてもジェーン・オースチンの記念館に行きたくて別行動をさせていただきました。すると帰りのバス乗り場がどこかわからなくなり迷子になってしまいました。時間は迫ってくるし、すごい人込みだし、焦りました。泣きそうになってあちこちの店の方に聞いてやっとたどり着きました。私以外全員もう帰りのバスに乗っていて出発直前でした。本当に危なかった！　バスの皆さん、運転手さんも心配してくださっていたようでした。バースの人たち、バスに乗っていたツアーの方々にとても親切にしていただき、感謝、感激でした。

教会

今日は日曜日、ホストマザーに自宅近くのオールセインツ教会に連れていって頂き、普通の一般のイギリス人と共に礼拝を体験しました。

その間、約一時間半。

特に今日は新しく生まれた赤ちゃんのBaptism（洗礼）もあり、その後私も一般の人と同じように司祭様にお祈りをしていただきました。残念ながらその様子を写真に撮ることは出来ませんでしたが、とても興味深い、神聖な体験でした。礼拝後、教会内でお茶やコーヒーお菓子、果物がふるまわれました。

ガーデンコースに参加できそう

語学学校の初日に副校長の面接で、あなたはなぜここに学びに来たのか?と聞かれました。

私は、実は語学よりもガーデニングについて学びたかった、しかしコッツウォルズにはガーデニングの学校がなかったので語学学校に入学したが機会があればガーデンに関して学びたい、と話すと『ガーデンコースに参加してはどうか?』と提案されました。

ガーデン&ホームステイ一週間コースというのがあって(案内書に出ていなかった)来週日本から1名参加するので一緒にどうか?というのです。費用は高かったけれど、即決しました。

ガーデンコースⅠ・初日：ロココ・ガーデン

いよいよガーデンコースの始まりです。午前は語学学校の授業を受けて午後からガーデンコース担当のジャッキー先生の車で移動です。今日はペインズウィックのロココ・ガーデンというところと近くの教会や村に行きました。このガーデンはイギリスで唯一のロココスタイルのガーデンだそうです。円形劇場のような作りで回りの何処からでもガーデンの真ん中が見られます。真ん中にはベジタブルガーデンやハーブガーデンもあります。回りはオーチャード（果樹園）や池や林です。そしてこのガーデンは冬にはスノードロップで有名なのだそうです。

ティータイムにはギネスビールケーキを食べました、もちろん紅茶と一緒に。ホームメイドでとても美味しくイギリスのティータイムを堪能しました。その後ペインズウィックの村や教会へ、１００本ものトピアリーにビックリ、コッツウォルズらしさを目の当たりにしました。

ガーデンコースI・二日目：バイブリーとボートン・オン・ザ・ウォーター

今日はコッツウォルズの真髄とも言える、バイブリーとボートン・オン・ザ・ウォーターにいってきました。

バイブリーは十年前とちっとも変わっていませんでした。

これって凄い事だと思いました。ジャッキー先生の案内で以前には歩いたことのない川の畔を歩いたりし、土地の人のような気分を味わいました。

ボートン・オン・ザ・ウォーターは初めてですがずっとあこがれており、川のきれいな様子に感激！

先生がお茶を飲みましょうとケーキの美味しいティールームに連れて行ってくださったのですが、4時半でクローズ、間に合いませんでした。残念！　代わりに河畔でアイスクリームを食べました。

これも美味しかったので大満足です。

バイブリーでは次の日曜日はオープンガーデン予定と聞きました。行きたかったけれど日曜日にバスは通っていないことがわかりショック！　仕方なくあきらめました

Bibury、The Swan Hotel

が、後に、タクシーに乗ってでも行けばよかったと後悔しました。

ガーデンコースI・三日目：スードリー・キャッスル・アンド・ガーデン

今日はウィンチカムにあるスードリー城とそこのお庭を見てきました。

ヘンリー8世は、6人の奥方を次々と殺したり、離婚したり、最後に唯一残ったキャサリンの住んでいたお城がここスードリー城だということです。今では個人の所有で、夏などにはたまに持ち主がいらっしゃって御住まいになるということですが、普段は一般公開されており結婚式なども行われるようです。

トピアリーで囲まれた色々なタイプのガーデンがありとても美しく、バラの時期にもう一度来たいと思いました。

後にここでガーデンボランティア募集をしていることを知るのですがその時は全く知りませんでした。もう少し早くわかっていたならもっと長くガーデン作業ができたのにと思うと残念です。

帰り道

今日は他のガーデンコースのメンバーがチェルシーフラワーショー（私は土曜日に行く予定）に行ったのでガーデンコースはお休みです。そこで、帰りはいつもと違う道を歩き、近隣の教会やガーデンに立ち寄ってみたりしました。個々の家もバラが綺麗だったり、入り口のドアがキュートだったり、楽しい散策でした。明日はとても有名なヒドコート・マナー・ガーデンに行く予定です。楽しみです。

ガーデンコースI・四日目：ヒドコート・マナー・ガーデン

今日はガーデンコースの最終日です。
ヒドコート・マナー・ガーデンに行ってきました。
凄すぎる！
この庭は、アメリカ人の建築家ローレンス・ジョンストンが自宅庭として古典の造

Hidcote Manor Garden

園様式を紐解きながら少しずつ作り上げて行き、庭としては初めてナショナルトラストに管理することを決意させたということでも有名です。20世紀のイングリッシュガーデンはここから始まったと言っても過言ではないと言われる庭だそうです。トピアリーや生け垣で区切った「屋外の小部屋」といわれる色々なタイプの庭が次々と繋がっており、そしてその向こうにコッツウォルズの景色が見渡せるようになっていて、風景庭園と整形庭園が見事に組み合わされています。

写真全てをお見せ出来なくて残念ですが一枚だけでもご紹介します。

チェルシーフラワーショー

5月28日土曜日チェルシーフラワーショーに日帰りで行ってきました。バスツアーです。朝7時のバスなので遅れないようにと緊張しました。ホストマザーは6時に朝食を準備し、凄く混雑するのでお昼をレストランなどでとるのは難しいかもしれないとお弁当まで用意してくれました。

10時頃着きました。初めは私の前の席に座っていたチェルトナムからの女性について行きましたが、見るものが有りすぎて、見たいものの方向性も違うようなので別々に行動することにしました。

入り口は女王の王冠に型取られ、入るとすぐに流木で作られた動物たちが、実に美しく作られ、出迎えてくれました。大ガーデン、小ガーデン、フラワーアレンジメントの数々、大テントの中は植物の種類毎の展示、外はたくさんのガーデン業者の展示、そしてガーデン関係のショップの数々、レストラン、アイスクリーム屋さん、RHSの特設コーナー、会場のチェルシー王立病院の庭は5000枚の手編みの赤いポピーで埋め尽くされていて、驚きでした。まさに赤い絨毯！　イギリスでは赤いポピーはなくなった方のお墓や慰霊碑の前によく飾られています。これには戦没者慰霊の意味が込められているようでお二人の女性が兵士だった父上を思って編み上げたものだそうです。日本で言う菊の感じでしょうか？　日本人の石原和幸さんの庭も見てきました。今回もゴールドメダルでした。やはりイギリスでは多くの人が彼を知っており、BBCテレビでも取り上げられ、とても有名でした。この庭の周辺では日本人にも何人か会いました。懐かしくて日本語で話しかけてしまいました。

このフラワーショーではガーデンデザイナーによるショーガーデンの展示が一番の見どころでそれがよくにとりあげられていますが、それ以外の展示もたくさんありま

心惹かれたナーサリーの展示、真ん中にゴールドメダル

した。いろいろな展示がある中で、私がとても心惹かれたのは大テントの中にあったあるナーサリーの展示でした。高山植物のような小さな花ばかりの展示で、ゴールドメダルでした。前日にBBCテレビで作者とその展示が紹介されていたせいでしょうか、またその方が私と同世代のおじさんだったからでしょうか、片言でテレビ見ましたとかお話しさせていただき、一緒に写真も撮らせていただき、とても印象に残っています。

この日は最終日なので、4時になったら展示されているほとんどの植物は半額で売り出されます。私も、ホストマザーへのお土産にと買いました。多くの人たちが帰り道、花を抱えていて素敵でした。中にはこれを狙ってか大きなカートを持ってきている人もいましたし、カートはあちこちで販売もされていました。もし私もこれからずっとロンドンに住んでいるとしたら、買いたいものだらけでしたが残念、我慢しました。しかし、それでもお土産などで凄い荷物になり、途中、頂いたフラワーショーの新聞・パンフレットなどは全て捨ててきました。

とても疲れたけれどハッピーな一日でした。

バンクホリデー

今日はバンクホリデーといっていわば日本の祝日です。というわけで学校や銀行、郵便局等すべて休みです。私は昨日のチェルシーで少々疲れぎみでしたが、ホストマザーに誘われてガーデニングのお手伝いをしました。雑草を抜いて、枯れた草をカットして、ダリアやグラジオラスを植えました。

さらに私がチェルシーフラワーショーでお土産で買ってきたfuchsia（フクシア）の小さな苗でハンギングバスケットを一緒に作りました。

午後は近所のフェスティバルに連れていってもらいました。色々な出店があってアンティークやガーデングッズ、お菓子、食べ物、絵、色んなアクセサリーやジャムやペースト類、はちみつのお店、等々、興奮して写真パチパチ。アンティーク等はもし私がここに住んでいたなら買えたのに…と思うと残念でした！

語学学校

私の入学した語学学校はinlingua Cheltenhamという名前の学校です。前述にもありましたが渡英前の私の希望は語学学校に行くことではなく、コッツウォルズのどこか大きな観光庭園や農場のようなところに住み込みで庭仕事を手伝いながら学びたいというものでした。しかし私が問い合わせたいくつかの留学エージェンシーではそのような取り組みはしておらず、また個人的にイギリスの庭園などに英語で交渉する能力もなく、前にも述べましたが、結局は語学留学という形でコッツウォルズに住み、学校に行きながらガーデンボランティアなどの体験をするのがベストではないかと提案されました。初めての経験でしたし、留学事情についてもよくわからなかったので、この提案を受け入れることにしました。コッツウォルズ地方はのどかで美しい田舎ですので、実際に行ってみると確かにそんな研修施設のある庭園は見当たらず、私の見た限りでは隣町にもう一つ留学生向けの語学学校があるのみでした。もちろん土地の人の行く小・中・高校はあり、そこにも日本人の子供の留学生はいるようでしたが。

inlinguaの話に戻りましょう。入学の手続きやホームステイ先のアレンジメントは留学エージェンシーがすべて行ってくれました。

前述にもあったようにヒースロー空港まで現地コーディネーターが迎えに来てくださり、翌朝ホームステイ先のホストマザーが学校に案内してくださいました。先ずはクラス分けの試験があると聞きドキドキしました。「クラス分け」と聞いて思わずハリー・ポッターの「組分け帽子」を思い出しました。しかし帽子ではなくペーパー試験と面接でした。ペーパー試験は五者択一の文法試験で１００問ありました。面接ではこの学校に来た目的を聞かれたと思います。

試験の結果は午後に張り出され、翌日からそのクラスで勉強です。

面接時ガーデニングがしたくてイギリスに来たと言うと、ではガーデンコースに参加しないか？と誘われました（これも前述済み）。日本にいる時にはそんな情報はぜんぜん耳にしていませんでしたが即答で参加を決めました。詳細を聞かずに決めてしまった私でしたが、内容はコッツウォルズのガーデン見学でした。何人かの希望があれば随時行われる選択コース授業だったようです。ガーデン作業ではなかったので少しがっかりしましたが、一週間のコースでとても素晴らしいガーデンをたくさん見ることが出来ました。少し高額でしたが価値ある選択授業でした。留学期間（１～

48週）や授業時間帯（午前のみ・午後のみ・午前と午後両方）も選択できます。レベルは6段階（Elementary・Pre-Intermediate・Intermediate・Upper-Intermediate・Advanced・Proficient）で、そのレベル内で5～10人位の人数での授業が行われます。初めのクラスは教科書に沿って文法を主とした授業でしたが途中、教科書の問題を解いたり、文章を読んだり、自分の意見を述べディスカッションをしたり、聞き取りや作文をしたり、TVを見たりもします。勿論学校内での会話は英語のみです。日本人同士日本語で話すと叱られます。宿題も毎日出ました。週末又は週明けにはテストがあります。どれくらい理解しているかのチェックなので成績は気にしなくていいと先生に言われましたが、やはり私は試験対策の勉強をしなくては落ち着きませんでした。これは受験戦争を潜り抜けてきた体験から来るものなのかもしれません。ですから週明けにテストがある時には週末のバス旅行やガーデン見学時も常に試験のことが気にかかり単語の勉強などをしていました。

入学は随時受付けているようで入学日は月曜日と決まっており、在学期間は前述のように週単位で各々ですが修了日は金曜日でした。ですから毎週月曜日には新入生が来て、そして週末には何人かの修了生がいました。一度修了してまた戻ってくる生徒もいました。いろいろな国の生徒がいて年齢も様々でした。クウェート・サウジアラ

ロシアの学生にさよなら、修了生がいる時は先生も一緒に記念撮影

ビア・オマーン・シリアなどの中東、スイス・ロシア・スペイン・イタリア・フランスなどヨーロッパ、韓国・中国・台湾・日本などアジア、南米のコロンビア・エクアドルからの生徒もいました。年齢は十代から私のような六十代まで様々です。先生の話では数年前には七十代の日本の女性の生徒がいたとのことでした。私の在学中にも、当時私は61歳でしたが他に58歳、64歳の日本人女性もいて先生から日本では中高年の女性の留学が流行っているのか？と冗談交じりに聞かれたくらいでした。勿論イタリア人のシニア世代の女性や、ロシアから子連れで来ているお母さんもいらっしゃいました。中東からはお国柄か女性は少なく、ここで英語を習得してイギリスの大学目指しているお金持ちの男の子たちが多かったように思います。家に使用人が5人もいて掃除などは自分でしたことがなく掃除機の必要性も感じていない子がいたのには驚きました。またイスラム圏の生徒たちはアッラーの神へのお祈りの時間になると授業を抜け出し、ラマダンの期間やそれ以外の時も平気で遅刻をしてくる生徒が多いのにも驚きました。

私はinlinguaでは午前の授業のみの選択だったので午後の授業についてはよくわかりませんが、友達に聞いたところではゲームのような授業やフィールドワークが多かったようでした。

私ははじめPre-Intermediate というクラスでしたが一か月くらい過ぎて副校長に呼ばれ、来週からIntermediateに行くようにと言われました。レベルアップで喜ぶべきだったのかもしれませんが、今までのクラスはとてもわかりやすく、先生のことも気に入っていましたので正直不安でした。でも次のクラスには日本人の友達がいましたので友達に助けられ何とか授業についていくことが出来ました。授業は前のクラスと異なり教科書ではなく主にその都度のプリントで行われ、予習もできず戸惑っておりましたが先生がとても楽しい方でやっと慣れた頃に修了となりました。その先生とは今でもフェイスブックでお友達です。

私は十週間のコースでしたので7月23日金曜日が修了日となりました。「Certificate of Attendance」という修了証書を頂くセレモニーでは修了生みんなで写真を撮ったりパーティーがあったりで盛り上がりました。

私がイギリスに来た目的は英語習得ではなかったのですが、修了する頃にはこの学校でもう少しの間英語を勉強していたいと思いました。

機会があればもう一度、たとえ一週間でも入学して学んでみたいと思っています。

語学学校の学生達

語学学校では世界各国から毎週学生が来て、一定期間英語を勉強して帰っていきますが、先週は日本からガーデンコースの女性が一週間の予定で来ていて私もそのコースにジョイントしました（前述）。彼女は日曜日に帰り、月曜からは新しい学生４人来ました。スイス、サウジアラビア、ロシア、韓国です。

サウジアラビアの学生は14歳の男の子でとてもお金持ちのようです。

そして今週で修了の学生もいます。エクアドルから来た女の子で、彼女は目が見えませんが、昨年10月から約八ヶ月ここにいました。教科書やホワイトボートの文字は見ることはできないので、ほぼ聞き取りのみで勉強していました。パソコンのキーボードで書くことはできます。12歳の時にイタリアに留学し里親のような方と暮らし、昨年ここに来るまではイタリアに住んでいたようです。今22歳で、エクアドルの公用語のスペイン語とイタリア語と英語が話せます、凄いです。そして明日一人でイタリアに帰ります。大丈夫かとみんな心配しているのですが、何とかなるらしいのです。世の中には凄い人がいますね。ここ数日、私は実はややホームシック気味でした。しかし、彼女を見ていると頑張らなきゃと思います。午前の授業終了後、彼女を囲んで皆で写真を撮りました。修了生がいる時には先生の発案で記念写真を教室で撮るのが恒例です。

図書館とティールーム

今日は午後、シニアレイルカードなるものを作りに駅に行ってきました。これがあると列車の旅行が1／3offになります。最初1／3になるのかと思ったのですが違いました。しかし列車旅行には大助かりです。

その後、図書館で勉強（宿題）して、こちらの皆さんお勧めの典型的なイングリッシュティールームに行ってみました。おなか一杯だったのでアフタヌーンティーではなく、スコーンとお茶のクリームティーにしました。アンティークも売られており、マニアならとても感激しそうなお店でした。

クリームティー（街で一番人気の Well Walk Tea Room にて）

グロースターカテドラル

グロースターは隣街で州都です。

有名なカテドラルがあると聞いていました、周りの人たち皆さんが「行ってみたほうがいい」と勧めてくれました。そこで午後、急に思いついて行ってきました。チェルトナムからはバスで30分位でした。ハリー・ポッターの映画の撮影場所になったところもあり、とても高い塔が凄い！　中も凄い！　今日は特別パイプオルガンの演奏もあってとても荘厳な雰囲気でした。その後、ピーターラビットのお店も有名なので行ってきました。何故グロースターにピーターラビット?と思いましたが、物語のシリーズのなかに『グロースターの仕立て屋』というのがあって、それでここにショップがあるのです。又々お土産買ってしまいました。

明日は個人のお宅のガーデニングのお手伝い予定です。楽しみ！

個人宅でガーデニング

お願いしていた個人宅でガーデニングのお手伝いをさせて頂きました。芝生の草刈りの後、大きくなったアイリスの株分けをしました。こんなに本格的なのは初めてで、道具なんかも本格的で、興味津々の体験でした。作業中に手作りエルダーフラワージュースをいただきました。美味しかった！

作業は忘れないうちに写真入りで記録しました。

チッピング・カムデン&ブロードウエイ

日曜日、シェークスピアの生まれたストラットフォード・アポン・エイボンに行こうとしてバスに乗ったら、同じ学校の日本人女性を見かけました。クラスが違ったので話したことはありませんでしたが思いきって声をかけてみました。チッピング・カムデンとブロードウエイに行く予定とのこと。

予定変更して、彼女に同行することにしました。

チッピング・カムデンとブロードウエイは有名でいつかは行こうと思っていたので丁度良かったのです。しかも同世代で、行きたいところ、見たいところもほぼ一致（独りよがりかも）、彼女の方が約一ヶ月早く来ていたので色々教えていただき、イギリスの家庭生活について日頃疑問に思っていること、理解できないことなどお互い吐き出しました。ホームステイ生活、イギリス生活のストレス発散？

お天気も良くなりブロードウエイは可愛らしいお店ばかりでショッピングを楽しみ、更にストレス発散でした。

テュークスベリー

テュークスベリーに行ってきました。チェルトナムからバスで25分、よくあるコッツウォルズの景色とはちょっと違った14〜15世紀位の街並みなのでお勧め、と聞きました。素敵！　別の国に行ったような気分になりました。アンティークショップも多い！　そして憧れのナローボートも見ることができたし、行ってよかった。

急に暑くなった

チェルトナムはここ数日急に暑くなりました。24〜25℃位らしいのですが盆地のせいか、毎日すごく歩いているからか、非常に暑く感じます。

月曜日に日本人が3人も来ました！

昼休みには外で日本語タイムです。

それにしても、私の英語はいっこうに上達しません。留学の意味あるのかしら？と思ってしまいます。

パブ

先日ブロードウエイ行きで意気投合した彼女とパブに行く約束をしていたのですが、今週新しく来た日本人女子学生3名も一緒に計5人で女子会をしました。前にも来たことのあるスワンというお店です。実は先週、先生に勧められクラスメイトのM

さんとここで初パブ体験、ビールを飲み、フィッシュ&チップスを食べ、その量の多さ、大きさに驚きました。

それぞれ好みのビールをハーフパイント頼んで乾杯。

今日はフィッシュ&チップスは頼まず、小皿つまみばかりとなりました。

みんなそれぞれ夢や希望をたくさん持ってここに来ていました。

凄い!と思いました。

ジュリス・ティールーム

今回の目的の一つだったジュリス・ティールームに遂に!行ってきました。

正確には「Juri's-The Olde Bakery Tea Shop」という名前だったと思います。

日本人の家族がウィンチカムという街に2003年にオープンしたお店で、2008年には外国人で初めてイギリスで一番のティールーム「UKトップ・ティー・プレイス2008」に選ばれ、北海道新聞にも出ました。何故北海道新聞かというとケーキを焼いたりしている樹里さんのお父様(オーナー)が札幌出身だったからでしょう

Juri's Tea Room

か。その新聞を見たときから一度は行ってみたいと思っていました。その後、樹里さんが本も出版されたので、その本も今回イギリスまで持ってきていました。そして今回図々しくもサインを頂きました。

メニューにはないスペシャルメニューのキッシュ、スコーンそしてケーキも頂きました！　更にそこで日本人の女性グループにお会いし、私の嬉しさのレベルもアップ、肝心のお菓子やお茶の写真を撮るのをすっかり忘れてしまいました。

そしてこの街のオープンガーデン情報もオーナーからお聞きしました！　テンションアップ！

お客様のなかにオープンガーデンの幹事の方がいらっしゃって紹介して頂きました。そしてその方から次の日曜日がこの街の16軒の個人宅の一日限りのオープンガーデンの日なので是非来てくださいとお誘いを受けました。勿論、行くことにしました。おまけにこの近くのスードリー城（先日ガーデンコースで行ってきた）でガーデンボランティア募集しているらしいとの有力情報もお聞きしました。これも日曜日にお話を伺いにスードリー城へ行ってこようと思っています。

日曜日が楽しみです。

忙しいけれど充実した一日

金曜日は本当に忙しい一日でした！

授業が終わってからバス会社に行き、明日のオックスフォード行きのバス時間をチェック。昨日教えてもらったけれど「月曜日〜金曜日まで」って書いていたので変だな？と思って確認したらやっぱり一時間違っていた！　危ない、危ない。その後ティールームでお茶とケーキでランチ。前にも行ったことのあるティールームだったけれど、チェルトナムで一番のお勧めのティールームでのケーキはまだだったので、ラズベリーケーキを頼みました。その後、バスでチェルトナムスパ駅へ。陶器で有名なストーク・オン・トレントと、前から行ってみたかったライという街への予約キップを買いました。ライは遠いので一泊で行こうと思っていましたが以外と近く（ロンドン経由ではなかった）、ホテル予約もしたけれど要らないかも。でも由緒正しいホテルらしいし泊まってみたい気もします。その後、バスで街に戻って図書館へ。最近は図書館がお気に入りの場所です。２階に勉強出来る自習室みたいなところがあって、いろんな学生が勉強しています。私も学生の頃を思い出して勉強しています。とても落ち着きます。ここ数日、学校ではこの話題でもちきりのサイエンスフェスティバルとフードフェスティバル、夕方から覗きに行ってみました。途中、雨が降ってきたので雨宿りに入ったテントでクッキングライブショーをやっていて、ラッキー！試食もありました。雨があがったのでいろいろなテントや食べ物屋さんをまたぐるぐる。買ったスイーツがひどく甘くて食欲減退、疲れはてて帰ってきました。月曜日にテストがあるので勉強しなきゃと思いつつ、ベッドへ、いつの間にか寝てしまいました。盛りだくさんの一日でした。

オックスフォード

行ってきましたオックスフォード。

オックスフォード大学は一つの大学ではなく40余りのカレッジからなりたっています。

朝7時のバスで出発。バスに乗る時、料金を払うのですが£50札しかなくそれで支払おうとしたらダメとのこと、バスの運転手さんに近くのキャッシュディスペンサーでお金をおろしてくるように言われ、道行く人に場所を聞き、走ってお金を引き出しに（キャッシュディスペンサーは外にあり24時間使えます）、私が戻ってくるまでバスは待っていてくれました。出発が遅れたにも関わらず乗客たちも笑顔で、息せき切って乗った私を暖かく迎えてくれました。皆さんの優しさに感謝です。

バスはオックスフォードに8時半頃到着。まだどこも空いていないのでカフェでコーヒーを飲みながら回る場所をプランニング。ゆったりとしたいい時間でした。

インフォメーションセンターが9時半からなのでまずはそこで地図を購入しました。

ハリー・ポッターのホグワーツ魔法学校の撮影場所として使われたクライストチャーチ、ここはチャーチといっても教会ではなく最高峰のカレッジとのこと。しかし今日は女王の記念式典のため中には入れず残念！　でも式典の行進はみることが出来ました。逆にラッキーだったかも？　14：45からは中に入れるかもと聞いたので行ったけれど結局今日は一日中ダメとのこと、学内を歩きに歩いて足が棒のようになってしまいました。疲れた。

クライストチャーチは「不思議の国のアリス」の作者ルイス・キャロルがここで学び、教師もしていたので、ここは不思議の国のアリスの生まれたところでもあります。アリス・ショップに行くのも目的の一つでした。思っていたより小さかったけれど大混雑、ショップ店員さんは日本人で、日本語で買いものができました。隣のティールームも混んでいて少し先のティールームで一休み。

　休んだあと立ち上がったら足が疲れてもうダメ。大学の植物園へ行く予定だったけれど、予定変更、アシュモリアン博物館へ、ここは１６８３年に開館し、イギリスで最も古い博物館の一つとのこと。バス停が近いこともあり、のんびりと休みながら回り、閉館までいました。その後足が少し回復したのでカーファクス搭へ。

　しかし終了時間まであと15分、99段の階段を昇らなければならないのでダメと拒否されました。残念！　バス停までの途中、お寿司を売っているお店発見。「itsu」という店で巻きずし（アボカドとカニ）を買ってイートイン。四週間ぶりのお寿司、海苔で巻いてはいなかったけれど美味しかった。

　オックスフォード、素敵な街でした。クリケットをしたりしている学生、川に飛び込んで騒いでいる学生など、どの国の大学生もあまり変わらないなと思いました。

　帰国前にもう一度行きたいと思っています。今度こそクライストチャーチのなかに入ってホグワーツ魔法学校を見てみたい。

ウィンチカム・オープンガーデン

行ってきました！　ウィンチカムのオープンガーデン！

朝から雨だったのですがオープンガーデンの時間には晴れて、暑くなりました。

まずインフォメーションセンターでチケットを買って、地図をもらって回ります。途中コーヒーやケーキをサービスするところも書いてあり、とても楽しく回ることが出来ました。

しかし歩きすぎて足がぼろぼろです。植物苗も売られていて、ほしかったけれど我慢ガマン。

全16軒のうちバス時間の関係で13軒のお庭を見学してきました。

大きい庭、小さい庭、ベジタブルガーデン、色々なタイプの庭があり、様々でしたが、どこの庭も共通しているのは、芝生が非常に美しい。ピックアップしてご紹介します。

一番目に拝見したお庭、その広さ、美しさに圧倒されました

一番気に入ったお庭、オーナーは八十代女性であることにも感動

オープンガーデンについて

オープンガーデンという言葉について調べてみると以下のように書かれています。「個人の庭を一般公開すること。英王室がパトロンとなり1927年に創立されたナショナル・ガーデン・スキーム（NGS）が発行する『イエローブック』は、英国のごく普通の個人の庭3500ヶ所以上を紹介したガイドブックで、庭の住所・広さ・特徴・入場料・お茶とケーキサービスの有無・公開日などが掲載されている。花好きの英国人はリタイアすると、園芸のできる面積が確保できる郊外に居住する人が多い。夫妻で一日中庭の手入れをしている人も珍しくないが、庭を公開する家の場合はより力が入る。村全体で公開日を同時にし、大々的なイベントとなることもある。個人の庭に集められる植物は、家人の個性が強く出て、植物園とは違った楽しさがあり、英国園芸の面目躍如というべきものになっている」（コトバンク）とあります。

私の住んでいたグロースター州の『イエローブック』はインフォメーションセンターで無料配布されていました。「NGS」の看板プレートを各地で目にする機会もありました。

バイブリーを訪問した際、その美しい風景の中の1軒のお庭の持ち主の方が庭の手入れをしておられ、次の日曜日と月曜日ご近所数軒でオープンガーデンをする予定だ、良かったらどうぞとお誘いをうけました。バイブリーはコッツウォルズ、いやイギリスを代表すると言っても過言ではないくらい美しい村ですがそこで行われるオープンガーデンとはどんなものでしょう? 聞いただけでワクワクし、ぜひ見学したいと思いました。ところが日曜日バスは運休、その翌日の月曜日もバンクホリデーという祭日でやはりバスはありませんでした。残念で仕方がありませんでしたが諦めました。しかし後になって考えると別の手段で何とか行けたのでは?と思いました。その時はコッツウォルズに住み始めてまだ二週目だったので地理もよくわからず思いつきもしませんでしたが後になって考えるとバスで行けるところまで(ボートン・オン・ザ・ウォーターまでは日曜でもバスがあった)行き、そこからタクシーで行くべきだった、又は私の留学の現地コーディネーターの方に相談してみるとよかったのにと思いました。いま思うとバイブリーのオープンガーデンなんてそうそう見られるものではありませんものね。

前述のジュリス・ティールームのところでも述べましたが、それから数週間後の6月初旬ウィンチカムにある日本人オーナーのティールームを訪れた時、そこのオーナーとお話をしているとオープンガーデン情報をいただきました。次の日曜日この地域の十数軒のお庭で一日限りのオープンガーデンが行われるということです。主催者の女性が丁度ティールームにいらっしゃっていたので紹介していただき案内状もいただきました。そして、ぜひ訪問させていただきますとお約束をしました。今回は日曜日でもバスは動いていることも確認しました。オープンガーデンは午後からとのことで、午前中は近くのお城の庭園のガーデンボランティアの申し込みをし、そして先日のティールームでサンドイッチとケーキで腹ごしらえをして受付場所となっているインフォメーションセンターに向かいました。参加費£5をお支払し地図を頂きました。その地図にはオープンしている16軒のお宅の場所と番号、お茶やお菓子のあるところなどが記載されており、実際にそこのお宅に行くとお庭の入り口にその番号の旗が掲げられておりました。そしてその地図にはキーステーションとなっている教会の場所などが示されており、その教会ではトイレを使うことができるほか、様々なホームメイドケーキや飲み物がとても安く売られており中でいただくこともできました。そして植物の苗も売られていました。オープン時間は14時から18時までなので走るように移動しました。どのお庭も素敵で、これが個人のお庭とは思えないくらい大きな庭だったり、小さなスペースでもアート作品のような雰囲気だったり、菜園だけで構成されていたりと個性的でした。そしてどの庭も素晴しく手入れが行き届いており感動でした！　コッツウォルズの景色を借景に取り入れているお宅もたくさんあり、それもまたガーデンの素晴らしさを際立たせているように感じました。またオープンガーデンに参加していないお宅でも玄関先には寄せ植えの花鉢が置いてあったり、つるバラを壁に這わせて素敵に入口を演出したりしているのです。今まで学校のガーデンコースでもナショナルトラストの庭園などに連れて行っていただき、また十年前には英国の素晴らしい観光庭園の数々を見学してきましたが、それとはまた別で、個人レベルで、しかも趣味の領域でここまで素晴らしいお庭を造るなんて！と感動でした。ガーデン大国の奥の深さを感じました。すべてのお庭を見たかったのですが四時間で村中を歩いて回るのはやはり無理でした。帰りのバス停から遠い3軒は見学を諦めました。こんな時、車があるといいのに、とつくづく思いました。国際免許証をせっかく持っていったのですからレンタカーを借りて回るべきでした。

次にオープンガーデン情報を得たのは6月中旬、現地の留学コーディネーターの方の案内でキフツゲート・コート・ガーデンに向かう途中でした。「ＮＧＳ」の看板を見かけたのです。とても素敵なかやぶき屋根の家々があるところで各戸お庭も外から見るだけでもかわいらしくて、おそらくチッピング・カムデン近くのスタントンとい

Cotswols Stantonにて、午後からオープンガーデン予定のお宅
「ngs」プレートが出ています

う村だったと思います。車を止めてお聞きしてみると午後からオープンガーデンだとのこと。キフツゲート・コート・ガーデンもお昼から見学の予定だったので断念せざるを得ませんでした。これが自分の車で動いていたのならキフツゲートの後にオープンガーデン見学に戻るだろうと思うのですがそれもままならず、残念でした。やはり路上で苗販売も行われるようで並べられておりました。

7月初旬ライの街に一泊二日で行った際には、かわいらしい雑貨屋さんの窓でオープンガーデンの予告ポスターを見つけました。見ると明日ではありませんか！　行きたい！　3時からなのでグレートディクスターから戻ってきてからでも大丈夫そう。場所は案内図によるとホテル近くの路地を曲がったところでした。でもガーデンらしきものは何も見えません。当日恐る恐る細いその路地に入り門らしき扉を開けてみました。するとビックリ！　別世界でした。全くのプライベートガーデンで入口はガーデンハウスのようなところで、そこには受付がありました。入場料の£6をお支払し、進むと甘い香りが漂っていて右手にはたくさんのお菓子、まるでお菓子屋さん。そしてその向かい側にはコーヒーや紅茶を希望に応じて入れてくださる方がいます。そこを抜けると広いお庭でした。外から見ると住宅密集地のような、又は商店街のようなこんなところにこんな広いお庭があったなんて！と驚きでした。そしてたくさん

Ryeにて、オープンガーデン、20種類くらいのホームメイドのお菓子が並んでいます

のお客様がグループに分かれて談笑しています。このオープンガーデンは1軒のお宅だけで行われているものでした。お客様たち男性はジャケット、女性もスカートやワンピース姿で紳士淑女のアフタヌーンティーパーティーといった感じでした。私、場違いでは？　ここに入ってもいいのかしら？と思っていると、向こうで紳士が手招きしてくれています。招かれるままに行ってみると横にかけなさいと席を用意してくださりその娘さんという方も来られ、挨拶しました。娘さんは地元FM局の方で私が日本人なので珍しかったのか今日の放送でこのことを話すがよいか？と聞かれたような気がします。皆さんガーデン見学というよりそれぞれ会話をしながら寛いでいるといった感じです。私はガーデンも見たいのでとその紳士にお礼を言い、その場を離れ園内を見学させていただきました。途中、4階建てくらいの塔のような建物があり中も解放されているようなので見てみると、凄い！　日本でいうと「はなれ」といったところでしょうか？　人が1人か2人くらい住むことのできるところで1階から半地下がリビング、2階がキッチン、3階がバスルーム、4階がベッドルームになっています。そしてフロア毎にインテリアカラーやイメージが統一されています。素敵！　おしゃれ！　という言葉しか出てこない、英語だとlovely、wonderful、amazingという言葉が出て来そうな空間でした。お庭では野菜も育てられており、そこにオーナー

Ryeにて、オープンガーデン、光の中でお客様たちが会話を楽しんでいます

の方がいらっしゃいました。今一番力を入れているのが野菜の栽培とのことでビニールハウスではなく小さなガラスハウスもお持ちでした。花はフーシャ（フクシア）が盛りで日本ではみたことのないような色合いのものもありとても綺麗でした。お菓子や飲み物はすべてフリーで20種類はあったろうと思われるお菓子はすべてそのお宅の奥様と大奥様が焼かれたそうです。土地、建物、またお客様の様子、どれを見ても上流階級の方たちの集まりという感じがしました。

私がイギリスで体験したオープンガーデンに纏わる話は以上ですが本当にガーデン文化が根付いているし発達している、ガーデン大国という言葉が生きていると感じました。

コトバンクでは「日本でも、オープンガーデンを園芸雑誌に告知したり、取材記事が雑誌に掲載されるようになった」と説明していますが、確かに日本でも近年拡大しつつあると思います。私の住む北海道でも「ブレインズ」という全道規模のオープンガーデングループがあり、毎年オープンガーデンガイドブックが発刊されます。イギリスと同じように全道のオープンガーデン登録された個人宅、又は団体、お店などの公開日、時間、住所、庭主からの一言などが記載されており、イギリスと同じイエローの本です。私も２００９年から参加させていただいております。我が家の庭を見に来られた方にはお茶やお菓子でおもてなしをし、庭のことや花の話をします。私にとって自分のガーデンを見ていただくというのはいわば作品をみていただくといった感覚であり、ガーデニングをする際の励みにもなります。一方、お庭見学にもその「イエローブック」を片手によく行きます。見学する側から言わせていただくとガーデナーにとって大きな庭見学もさることながら、個人宅のお庭を拝見させていただくことで勉強になることがたくさんあります。庭のオーナーと植物の育て方や庭づくりの工夫などの話をする情報交換の場所でもあり、また交流を深める場ともなります。オープンガーデンとは庭を開放し見ていただくのは文字通りですがガーデンを通して心もオープンにするという意味があるように思います。

日本もイギリスのようにもっとガーデン文化が発展するように願っております。

Rye or Lye

大失敗!!

先週金曜日、ライ行きの列車のキップを買ったのですが、シニアレイルカードを

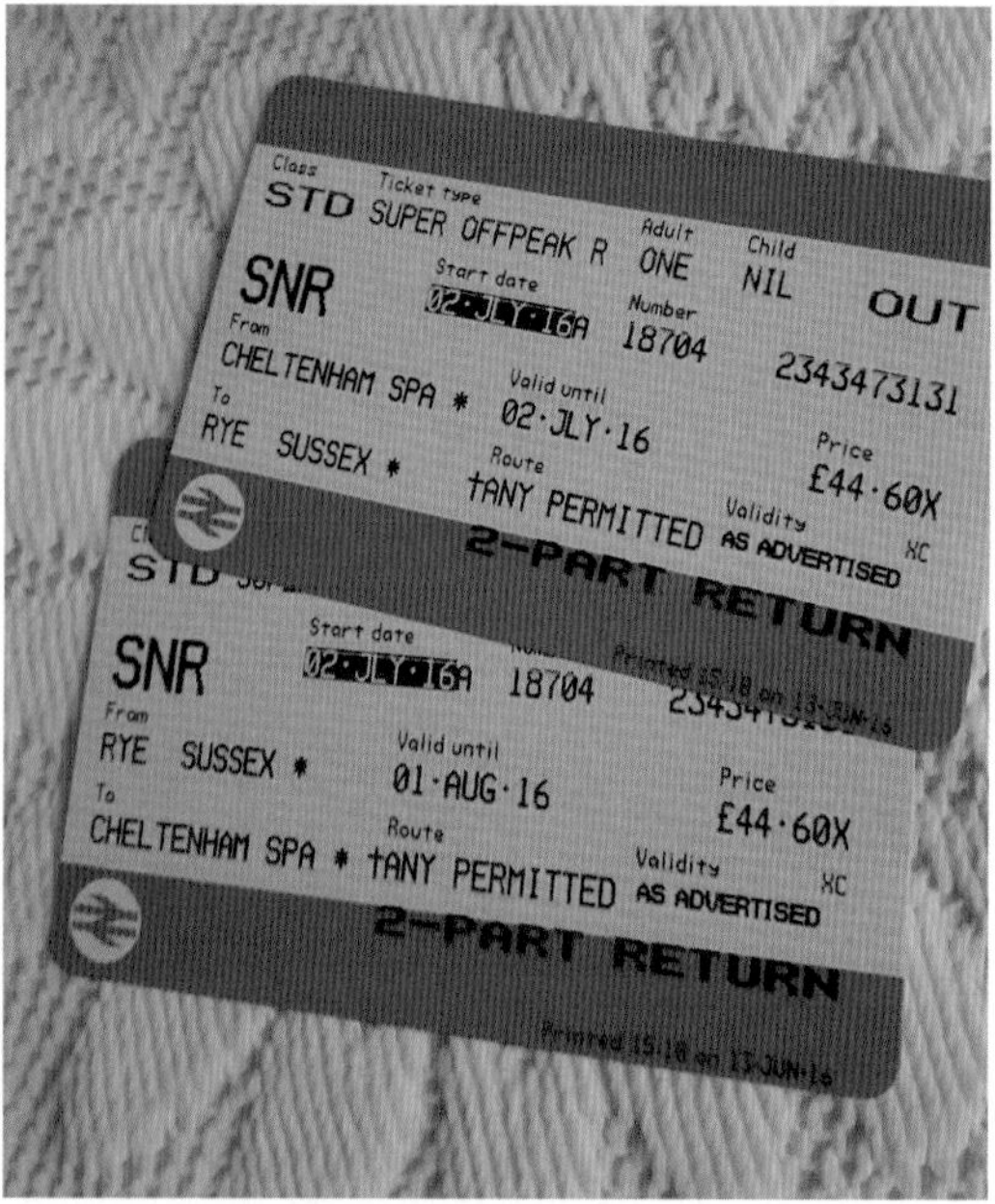

やっと手に入れたRye までの往復切符

使ったせいか思ったより安く、そして時間もかからないことが判りこれならホテルに泊まらなくてもいいかもと思っていました。しかし!! 大間違いでした！

昨日、コーディネーターのヴィンセントに日帰りでも大丈夫か?と相談したら、ライまではすごい時間かかるはずとのこと。キップを買ったこと、時間スケジュール表ももらったと見せるとLey行きのキップだった！ RyeとLyeがあるとのこと。わたしの行きたいほうのRyeは五時間くらいかかるが、もう一つのLyeは近いけれどひどい街だと！ そっち行きの列車のキップを買ってしまっていた！

どうしよう…。

ヴィンセントによると払い戻しはできるかどうかわからないとのこと。私一人では交渉は難しいと思い、ヴィンセントに一緒に行ってもらえないかとお願いし、駅へ。

結果、払い戻ししてもらえました。

良かったぁ…。

早速、Rye行きのキップをあらためて購入。

乗り換えが四回もあり地下鉄も乗らなくちゃいけなくて難しそうだけれど、頑張ってみます。

ホテルキャンセルしなくて良かった。

危ない、危ない。

何度も駅の窓口の女性にこれでいいのか？　安すぎないか？　ロンドンは経由しないのか？と聞いたのに通じてなかった（実際はロンドン経由）。私の発音が悪かったのですね。

やっぱり英語は難しい、昨日のテストも文法や、読みはパーフェクトに近かったのに、リスニングが酷かった…。

一ヶ月経ったけどあと二ヶ月では、英語習得は難しいと思う…。ちゃんと聞き取れるようにはなれそうもない。…やれやれ。

キューガーデン

キューガーデン行きのバスツアーに参加しました。世界最大級の植物園です。ガーデン内に女王のキュー・パレス（宮殿）もあります。女王の庭やキッチンガーデンもありました。

到着後、カフェで一息入れて、地図を見てどこを見るかプランニング。

Kew Palace
英国王室最小といわれる宮殿

あいにくの雨模様、しかも昨日、学校に傘を忘れてきたのでショップに行き購入。ショップの店員さんが日本人で凄く親切にアドバイスしてくださって感激!!

キューガーデンのマーク入りの物が買えたので傘忘れてラッキーだったかも。

温室に入ると学生だらけ、小学生から高校生（?）まで、色々な国の学校の生徒。

そして、植物がamazing!

次にロックガーテン、アジアガーデン、バラの回廊と菜園、学生の庭、蜂蜜を作っている庭等回り、パームハウスという温室へ、またまたびっくり大きな温帯植物がびっしり。出るとバラ園が!

夢中で写真を撮っているうちについにカメラの方はメモリーがなくなり、スマホは充電切れ…。

カメラの中の不要の写真をカットして追加。

昼食をとったカフェ併設のショップではほしいものだらけ、買っても日本に持ち帰るには重すぎ重量オーバー、送るには凄くお金かかるし、目下の悩みです。

途中、白鳥の親子の行進を見かけました。

子供の白鳥（ご存じのように灰色です）が9羽、白鳥のお父さんとお母さんが揃って行進、池まで歩いて行って泳ぎ始めました。鳥は苦手だけれどこれは可愛らしく

Palm House
世界中の温帯植物が集められています

て、残り少ないカメラのメモリー残量を気にしながら写真を撮りました。しかもスマホはすでに充電切れになっていました。

午前中に傘を買ったショップにもう一度行ってみると先ほどの日本人店員さんの息子さんに店番が変わっており、その息子さん、イギリス生まれイギリス育ちでありながらとても日本語が上手、日本に留学したいのだそうです。なんだか嬉しくなってしまいました。

園内ではオーストラリアからのご婦人たちやメキシコからの若い女性ともお話しました。結局、広すぎて半分位しか回れず帰りのバス時間となってしまいました。いつも何処に行っても思うのですが、もう一度行きたいと思います。

＊キューガーデン情報

キューガーデン（Kew Gardens）はロンドン南西部のキューにある王立植物園で1759年にリッチモンド宮殿併設の庭園として始まり世界中から植物が集められました。今では世界最大規模の最も有名な植物園であり、膨大な資料を有しています。テムズ川に沿った120万㎡の敷地に、熱帯のエキゾチックな植物を集めたテンペレート・ハウスや温帯植物のパームハウスなど19世紀に作られた典雅な温室が並んでいます。1631年に建てられ王室の夏の離宮だったキュー宮殿や、日本庭園、美術館、カフェなどが園内に点在しています。2003年にユネスコ世界遺産に登録されました。新種の発見などにも貢献しており、ガーデナーなら、いえガーデナーならずともロンドン観光の名所として一度は訪れてみたい植物園です（一部ウィキペディアより引用）。

ランチタイム

学校は12時15分に午前の授業が終わり、13時30分までランチタイムです。私は午前だけのコースなので帰ってもいいのですが、特に用事のないときはクラスメートと昼食に外に出ます。初めはどこにいけばいいのか？　何をどう頼むのかわからず先生に勧められたところへ日本人のクラスメートと行っていました。そして日本語で会話し息抜きタイムになっていました（学校内では日本語禁止です）。

新しいところも開拓しようとチャレンジしてみましたが、メニューを見るのにも時間かかるし値段も高くて悩みます。今日は失敗でした。どれもこれも高くてみんなス

お弁当を持ち寄って教室で送別ランチ会

コーンやケーキとコーヒー、お茶等で済ませました。昨日は別のクラスの人たちと合流し、カリビアン?メキシカン?料理の店に行きました。色々な国のレストランやファストフード店があり、毎日ちょっとした冒険です。

明日は私のクラスのロシアの女性が最後の日なので一緒に教室でお弁当を食べることになり、今日M&Sで買いました。

ポンドショップ

街には百均ならぬ£ショップがあります。何でも£1です。ティッシュの箱は2箱で£1、水は500ml4本で£1です。

いずれにしても日本よりは高い！

イギリスの家庭には、ティッシュの箱がありません。日本だとどの家庭にもあると思うのですが無いのです。他の学生にも聞きましたがやっぱり他の家庭にも無いようです。節約体質なのか、清潔さを追求していないのか？　ちなみにウォシュレット、ウォームレットもありません。お風呂も浴槽にお湯をためてはいることはまれです。

シャワーのみです。もうかなり慣れましたが…。日本人が清潔さを追求し過ぎると言えばそれまでですが、この点においてはやはり日本の方がいいなぁと思う今日この頃です。

ブリストル

土曜日、学校の友達と3人でブリストルまで列車で行ってきました。彼女たちが午後の授業でブリストル出身の先生に名所をおしえてもらって、その行程に沿って動きました。

ブリストルはブリストル・マイヤーズスクイブという製薬会社が日本でもよく知られているので（薬剤師の私にとっては？）街の名前は知っていましたが、何があるのか、全く私はわからずに彼らについて行きました。列車も初めてでした。

先ずはバスでクリフトンサスペンションブリッジへその後川沿いのホテルで昼食、ブラブラと歩き、博物館・美術館へ、そしてブランドンヒルという高い塔のあるところへ、塔に上ったあと、400年の歴史のあるパブへ。ビールを飲んでその後早めの夕食、駅までブラブラ歩きブリストルの街を見学しました。

今回は仲間がいたので2人に頼りっぱなしの気楽な楽しい旅となりました。

キフツゲート・コート・ガーデンとコッツウォルズ見学

キフツゲート・コート・ガーデンは私のあこがれでした。

NHKテレビでも放送されたことがありますが、三代の女性に引き継がれ造られて来たガーデンです。

イギリス行きを考えた時の第一希望はここで働かせていただくことでした。でもそんなことできるわけもなく、語学留学という形に納まってしまいました。

それでも、留学が決まってから、コーディネーターのヴィンセントが車で半日キフツゲート観光を提案してくださり、ちょっと高額だったけれどお願いしました。12：30オープンとのことで午前中はコッツウォルズ周辺の村々に連れて行っていただきました。

私一人ではもったいない気がして先日ブロードウェイ行きで意気投合した日本人学

憧れの Kiftsgate Court Gardens

生のAさんも誘いました。キフツゲートはもちろん感動でしたが、小さな村々も素敵でした。その日は午後からオープンガーデンが催されるらしかったのですが午後はキフツゲート見学の予定だったので断念しました、しかし、心残りで、村の方ともお話させていただき少しだけ見せていただきました。

ガーデンコースⅡ・初日：スノーヒル・マナー・アンド・ガーデン

6月に入って、副校長からまたガーデンコースがあるが参加しないか？と誘われました。今回は日本やフランス、スペインからの参加者があり、二週間にわたってあるそうです。結構高額（週£500以上）なので悩みました。一週目は前回と似ているので二週目から参加することにしました。6月20日からです。

初日はスノーヒル・マナー・アンド・ガーデン。

チェルトナムで自分は庭好きというと、ここに行った方がいいと何度か勧められたラベンダーで有名なガーデンです。しかしラベンダーはまだでした。見頃は7月中旬位らしく、北海道と同じだ、と思いました。ここはナショナルトラストの施設なので、会員の私だけがマナーハウスに入れてもらえました。ちょっとした優越感？　中は以前の持ち主のコレクションの博物館みたいになっておりました。日本の武士の甲冑のコレクションや仏壇のコレクションもあり、とても興味深い館でした。庭は野菜畑、オーチャード等もあり素敵でしたがラベンダーが見られなかったのが残念でした。

ガーデンコースⅡ・二日目：キフツゲート・コート・ガーデン

先日の日曜日一度行ってきましたがまた訪れることができました。

ここで発見され、命名されたバラ、キフツゲートローズについに対面しました。でもまだ咲いておらず、蕾が無数についていました。咲くのは来月7月とのことでしたが、教えてくださったのがラッキーなことにここの三代目の女主人のアン・チェンバーさんでした。嬉しくて一緒に写真を撮らせて頂きました。なんてラッキーなのでしょう！

キフツゲートローズは日本の私の庭にもあったのですが枯れてしまいました。もう

Kiftsgate Court Gardens、Lower Garden
遠くにはコッツウォルズの風景が見える

一度購入して育ててみたいと思っています。そして、機会があれば今度は勇気を出して「働かせていただきたい」とお願いしたいと思います。年齢的には厳しいとは思いますが夢は持ち続けたいですものね。

ガーデンコースⅡ・三日目：アストホール・マナー・ガーデン

この庭の知識はまったくなかったので行く前にネットで調べたら、いろいろな作家たちの石の彫刻を置いていることで有名ということがわかりました。しかし！　行ってみるとすごすぎました！

ゲートも家の壁も、塀もつるバラと宿根草だらけ！　いったい、どこから写真を撮ればよいのか？　興奮！　興奮！　興奮！　今までこんなにバラがたくさん咲いているのを見たことがありません。

One of the my best gardens!!

あちこちバラだらけ、もちろん彫刻もありチェルシーで見た大理石のドレスのような作品もありました。

Asthall Manor Garden、蜂蜜色の壁にバラが満開

向こう側には野菜の農園もあり、カフェもあります。ここで働きたいと思いました。

一緒に参加した友達も同意見でした。

ガーデンコースⅡ・四日目：ブロードウエイ

ブロードウエイタワーと2回目のブロードウエイの街へ。タワーは初めてです。コッツウォルズ全体が見渡せました。このタワーを作らせた人がウィリアム・モリスと親交があったらしく、中はモリスデザインのファブリックで飾られていました。街では先日いけなかったティールームでジャッキー先生とお茶をいただき、街並みと個々の家々のお庭見学。どの家のお庭もカラーコーデネーションが素敵でした。

ガーデンコースⅡ・最終日：キャッスルトン・ハウス

6月24日ガーデンコース最終日。午前中のできなかった試験について何度も思い出しては後悔しながらナショナルトラストのお城と庭、キャッスルトン・ハウスの見学をしてきました。今回もナショナルトラストメンバーカードを使いました。

１９９０年代まで修復されずに（お金がなかったので）昔のままで住まいとして使われており、その後ナショナルトラストの管理下になったらしく当時の生活のようすや、お城の中の状況をリアルに垣間見ることができたような気がします。

ＥＵ離脱

6月23日木曜日はイギリスの重大決定の日でした。ＥＵ離脱に関する国民投票（Referendum）の日です。数週間前からニュースはいつもこの話題、加えてこの問題に関係のある若い女性国会議員が殺されたので大騒ぎでした。

そして、金曜日の朝、テレビは開票速報。52対48離脱（Leave）決定！私の周りのイギリス人は皆さん反離脱（Remain）でした。だから、信じられませんでした。

物価とか更に高くなるだろうと言われています。イギリス人のヨーロッパへの旅行等も面倒になるらしいです。

今年は女王が90歳で、6月10日の公式誕生日には盛大なお祝いがあったり、シェークスピアの生誕400周年、ビアトリクス・ポター生誕150周年だったり、記念すべきこの2016年にイギリスに短期間でも住むことが出来たことは私の人生においても本当に記念となる経験だと思います。

ストーンヘンジ&ソールズベリー

6月25日土曜日、学校のバストリップでストーンヘンジに行ってきました。かなり遠いところに駐車場やビジターセンターがあり、徒歩か循環バスかで行きます。ロープが張られていて間近まで行って実際に触ったりすることはできません。しかしやは

Stonehenge、雲までがドラマチック

り迫力ありました。人もすごかった！

ストラットフォード・アポン・エイボン

一昨日の試験のことを思い出しては憂鬱になりながら、前から行こうと思っていたシェークスピアの生まれた家へ行ってきました。インフォメーションセンターで聞くと私の帰りのバス時間から考えると3ヶ所がせいぜいといわれ3ヶ所の共通券を買いました。そして循環バスを使うことにしました。歩きでは、シェークスピアのお母さんメアリー・アーデンの生まれた家へ行くのは厳しいからです。

シェークスピアの生まれた家、奥さんのアン・ハサウェイの家、お母さんのメアリー・アーデンの家、どの家も当時の裕福な家の造り、生活の様子が垣間見られ、以前建築に興味を持っていた私としてはとても興味深く見てきました。さらにホームガーデナーの私としては、やはり庭がもう、どの庭も素敵で、特にアン・ハサウェイの庭がとても居心地が良く、これだけでもう十分満足、と思いつつ、次のメアリー・アーデン宅へバスで向かいました。

Anne Hathaway's Cottage

試験

(前にも述べましたが) 私が通っている学校では初日にグラマー試験があり、クラスが決められました。

その後、教科書が進むにつれ、毎週確認試験があります。先生は単にいままで進んだところまでのチェックだからそんなに深刻にならなくていいというのですが、やはり試験となると緊張します。勿論、問題文も英語です。リスニングもあります。先日の金曜日24日はリスニングから始まり、何をすべきなのか指示が良く聞き取れないまま会話が始まったので焦りました。それがあとを引き、わかっているはずの他のグラマーの問題も慌ててしまいバカな間違いを連発してしまいました。ショックで、週末もあまり楽しめず過ごしました(それでもあちこち出かけ遊んでいましたが)。

しかし月曜日、学校に行ったら進級していました。いろいろな情報では、本来なら更に進級級試験を受けるか、教科書一冊終わってから進級するらしいのですが、ビックリです。しかし、これが良かったのかどうかはわかりません。先生が変わるといままでのやり方ではないので、いまいちリズムがつかめないのです。

料金受取人払郵便

新宿局承認

3970

差出有効期間
2022年7月
31日まで

(切手不要)

郵便はがき

1 6 0-8 7 9 1

1 4 1

東京都新宿区新宿1－10－1

(株)文芸社

愛読者カード係 行

お名前《ふりがな》			明治 大正 昭和 平成 年生 歳	
ご住所《ふりがな》	□□□-□□□□			性別 男・女
お電話番号	(書籍ご注文の際に必要です)	ご職業		
E-mail				
ご購読雑誌(複数可)			ご購読新聞 新聞	

最近読んでおもしろかった本や今後、とりあげてほしいテーマをお教えください。

ご自分の研究成果や経験、お考え等を出版してみたいというお気持ちはありますか。

ある　ない　内容・テーマ(　　　　)

現在完成した作品をお持ちですか。

ある　ない　ジャンル・原稿量(　　　　)

書　名					
お買上 書　店	都道 府県	市区 郡	書店名		書店
			ご購入日	年　　月　　日	

本書をどこでお知りになりましたか?
1.書店店頭　2.知人にすすめられて　3.インターネット(サイト名　　　　　　　　　)
4.DMハガキ　5.広告、記事を見て(新聞、雑誌名　　　　　　　　　)

上の質問に関連して、ご購入の決め手となったのは?
1.タイトル　2.著者　3.内容　4.カバーデザイン　5.帯
その他ご自由にお書きください。
(　　　　　　　　　　　　　　　　　　　　　　　　　　)

本書についてのご意見、ご感想をお聞かせください。
①内容について

②カバー、タイトル、帯について

弊社Webサイトからもご意見、ご感想をお寄せいただけます。

ご協力ありがとうございました。
※お寄せいただいたご意見、ご感想は新聞広告等で匿名にて使わせていただくことがあります。
※お客様の個人情報は、小社からの連絡のみに使用します。社外に提供することは一切ありません。

あと残すところ一ヶ月、まだまだ聞き取りが不十分です。やはり一年位留学しないとダメみたいです。

ガーデンボランティア

ガーデンワーキングは私の今回の渡英の第一目的でした。でも時間、場所、英語力、ルート等の問題でうまくいかず、語学留学の合間に個人宅を手伝わせていただくのと、いろいろな庭の見学に終わっていました。しかし、先日訪ねたウィンチカムのティールーム「ジュリス」で近くのスードリー城でボランティアガーデンワーカーを受け入れていると聞きました。早速訪ねて聞いてみると、ヘッドガーデナーに手紙（履歴書のようなもの）を書いて出すように言われました。即、その場で用紙をいただきスードリー城のティールームで手紙を書き、ショップのお兄さんにチェックをしてもらい、ヘッドガーデナーに渡して頂くようお願いしました。しかし二週間経っても返事は来なくて諦めかけていると、私の学校にボランティアしている生徒がいるという情報が入りました。聞けば日本人！　早速コンタクトをとって連れていってもら

Sudeley Castle and Gardensにて、
雨の中の作業も楽しい

うことになりました。

6月27日、遂にスードリーへ。タイミング悪く交通渋滞で目的時間より一時間半も遅れてしまいましたが受け入れてもらえました！

その日は一時間弱しか働けませんでしたが次の日から午前中の授業が終わるや否やバスでウインチカムへ。雨がザーザー降りの中でもホワイトガーデン周辺の芝生のエッジカット続行。

水曜日と金曜日はボランティアがたくさんおり、間に合っているとのことなので休むことにして、早速、今度は雨の日でも大丈夫なようにとウォータープルーフのトラウザー等買いました。

木曜日はクイーンズガーデンというバラ園で枯れた花柄を摘み取る作業、バラの香りのなかでとてもいい気持ち、いつまでも続けていたい感じでした。

次の週は草取りの連続。でも、楽しいし、勉強になります。

クワイア

ホームステイ先のホストマザーは多趣味です。フラワーアレンジメント、スイミング、ズンバ（体操の一種）そして二つのクワイア（コーラス）に所属していて週二回練習に出掛けます。さらに、二種のボランティア活動もしています。そしてホストマザーの仕事！

先日、そのクワイアのコンサートがあり、行ってきました。チェルトナムのタウンホールで行われ、休み時間にはみんなワインやビール等飲んで本格的。歌も素晴らしくってとても楽しい時間でした！　また、一つ良い体験をしました。公演中は写真とっていいのかどうか不明だったので控えました。

Rye：道のりとホテル

7月2日から一泊でライに行ってきました。

6月に切符購入する際にはライ違いで危ないところでしたがヴィンセントに助けてもらい何とか切りぬけることができたライです。

ライはイギリスの南の端の街です。その昔は海岸があり港として栄えていたようですが、今では海は遠退いて、川に囲まれています。昨年、ある雑誌でこの街の特集を見て以来、いつかは行ってみたいと思っていた美しい古い街です。

行程はチェルトナムからロンドンのパディントン駅まで電車、ロンドン市内を地下鉄で移動してキングスクロス駅まで、その後歩いてセントパンクラス駅に行きそこから電車でアシュフォードまで行き、乗り換えてライまでという四時間半のロングジャーニーです。

ロンドンのパディントン駅でキングスクロス駅までの地下鉄にどこで乗ればいいのかわからず、あちこち聞いてみたら乗るはずのサークル線は地下鉄メンテナンスで止まっているとのこと、すると売店のお兄さんが別の路線ハマースミス＆シティー線の入り口まで一緒に走って連れていってくれました。こちらの地下鉄は動いておりキングスクロス駅まで行くことができ、なんとかアシュフォード行きに間に合いました！　なんて親切!!　感激でした。その後の三回の乗り換えは何とか無事に出来、お昼過ぎ到着しました。

The Mermaid Inn、入り口の上にマーメイドの飾り看板が見える

ホテルはマーメイド・インという由緒ある古いホテル、始まりは12世紀、今の建物は１４００年代に建てられたものです。なかなか予約のとれないホテルらしいのですが、今回ラッキーでした。ホテルの前がマーメイド通りと言ってこの街の観光名所の一つになっているくらい美しい通りです。ホテルの中もいい雰囲気。建物は古いけれど部屋は清潔で、ベッドやバスルームは新しく快適です。

Rye：街並み

雑誌で見た通りでした。

石畳の小路の連続、どの建物も古くからのもので絵になる。一日あれば十分全て回りきれるほどの狭さだけれど、ショップの看板なんかも全てかわいらしい、美しい！アンティークショップも多く安い。しかし荷物になりそうなのでちょっとだけ買って諦めました。残念！

教会の塔に上ると海や川が見渡せる素晴らしい眺望！　本当に素敵な街。

ホテル近くの雑貨屋さんの窓でオープンガーデンの予告ポスター見かけました。明日です！　見学してみたい！

Ｒｙｅ：グレートディクスター

Ｒｙｅからグレートディクスターまで11㎞と知り、行ってみたいと思いました。本当に有名な庭園です。

日本から研修に行っていた人も何人もいると聞いています。

日曜日だったのでホテルでもタクシーが手配できないと言われ諦めかけましたが、インフォメーションセンターに行ってタクシー会社の番号をいくつか教えてもらい自力であちこち電話しラッキーなことに親切なタクシーの運転手さんに出会い、帰りも予約し行ってこられました。

ガーデンは色の魔術師といわれ、常に新しいことに挑戦し続けたクリフトファー・ロイド作。色使いが本当にカラフル且つ美しく素晴らしかった。彼の自邸だったところも公開されており、帰る時間が迫っていると言ったら特別に早く中へ案内され、見せてもらえました。感激！

Great Dexter

この庭園散策中、イケメン2人に声をかけられました。帰りのタクシーに相乗りさせてもらえないか?と言うのです。聞くと、彼らが来る時、私と同じタクシーの運転手さんだったらしく、帰りの予約をしようとしたら私が予約済みであることを聞いたとのこと。というわけで帰りは同乗、アドレス交換しました。オーストラリアの人たちで今月末には北海道の利尻に行く予定、とのことでした。本当かどうか、わたしの英語力弱さのため明白ではありません。結局、帰りのタクシー代は彼らが払ってくれました。本当にラッキーな日でした。

Ｒｙｅ：A kind of good looking guy（ハンサムな英国紳士）

5時になるとほとんどのお店が閉まり、Ｒｙｅの旅を十分楽しんだ私は駅に向かいました。まだ少し早かったのですが、ホームに出てベンチにでも座って待っていることにしました。

ベンチの隣にイケメンのお兄さんが座っており、声をかけられ、片言英語で話し始めました。

日本にも行ったことがあるとのことで話が弾み、私が昨日ロンドンの地下鉄が止まっていて困ったこと、庭好きなこと、家族のこと、大学のこと、仕事のことなど色々話しました。

彼はロンドンに住んでいる弁護士で、今日はストレス解消にライの海辺の方まで行って日光浴をしてきたとのことでした。わたしがパリにも行く予定と話すとパリの庭をたくさん紹介してくださいました。フランスに留学していたとのことでパリのこれらの庭情報にも詳しくメールで送るからとメルアドも交換しました。彼も庭好きでした。

結局、ロンドンまでずっと一緒で、私の大きなバッグも乗り換えのときなど持って歩いてくれて、今日もロンドンの地下鉄サークル線は止まっているので（これも調べてくれた）、別の地下鉄に乗らなきゃいけないと、ホームまで同行してくれました。

なんと親切なイケメン！　あまりにも優しいので大丈夫かな?と一瞬疑いましたが、彼は自分も東京の地下鉄で日本人に随分と助けてもらったからと話していました。

感激ひとしおで無事、帰って参りました。

もう一度オックスフォード

前回のオックスフォード行きでは女王の誕生日の式典と重なったため、クライストチャーチは入れませんでした。今回はリベンジです。

ハリー・ポッターのホグワーツ魔法学校のメインの撮影場所でもあるし、オックスフォードの最高カレッジ、いわば東大?ということで、是非行ってみたいと思っていました。今回は先月友達になった日本人留学生のAさんも一緒です。

予想を裏切らず素晴らしかった。

そして、前回は足が痛くなって断念したオックスフォード大学付属植物園にも行きました。

いま庭仕事をさせていただいているスードリーのヘッドガーデナーもお勧めのところです。

やはり素晴らしかった、そしてリラックス出来ました。

Christ Church、Tom Quad
ここでハリー・ポッターが箒に初めて乗るシーンが撮影されたらしい

Christ Church内部
ハリーポッターのホグワーツ魔法学校のような雰囲気

ハンプトンコート・パレス・フラワーショー

イギリスに行くと決めたときからチェルシーとハンプトンコートの二大フラワーショーには行こうと思い、直ぐにチケットは手配してもらっておりました。

チェルシーは5月に行って参りましたが次はハンプトンコートです。

ロンドンまでバスですが、渋滞がひどく、着いたのは12時。

チェルシーより範囲は広く、時間が足りなくてパレスの方までは行けませんでした。

しかし、到着したときの小雨も午後からは止んで晴れ渡り、ピムスを飲んだり、アイスクリームを食べたり、とても楽しめた一日でした。ただ、バスに乗っているときは翌日のテストのことで頭がいっぱいであまり隣の方とお話もせずに試験対策ノートに向き合っていたのですが、あとで後悔しました。

バスツアーの往復席が隣でご一緒だった庭好きのおじさんともっとフレンドリーにお話をして、お庭を見せていただく約束など取り付けられるくらいお友達になっておけばよかったのにと。

北海道では雑草扱いされているフランス菊がふんだんに使われていて
なんだかホッとしました

ホームステイ先の変更　その一

一ヶ月位前からもし出来れば、他のお宅も体験してみたいとホームステイ先の変更をコーディネーターのヴィンセントにお願いしていました。丁度、最初のホストマザーがベルギーにいる妹さんのところに行くので家を空けたいという希望もあり7月12日に移動しました。

今回のホームステイ先は一軒家です（以前は集合住宅でした）。ホストマザーのマリリンは65歳で息子さん２人と住んでいます。息子さんたちは働いていてそのガールフレンドもいつも来ています。

庭がありワンちゃんが２匹います、名前はモーリーとベイリー、すごくかわいい！私の部屋は広くてとても快適です。ただ学校からは遠いのでバス通学です。

以前のところは洗濯、食べ物、電気、シャワー等々全てが節約気味なのがわかったので、少し遠慮がちに使わせていただいていました。しかし、今回は全てが自由、いつでもどこでも何でも気兼ねなく使っていいとマリリンが言ってくれます。洗濯も前のところはホストマザーが週に一回洗ってくれていて、下着などの洗濯はとても気兼ねしていました。しかし、ここでは自由に洗濯機を使っていいし、台所も使っていいと言ってくれます。イギリスの家庭もホームステイスタイルもやはりそれぞれなのですね。ガーデン好きでハーブなど育てていて、ジュース、ジャム、ソースなんでも手作り、料理は素晴らしく美味しい。時々庭で夕食をいただきます。私のイメージしていたイギリスの家庭の風景でした。イギリス料理も捨てたものじゃないと思いました。とはいえ前の家の食事がまずかったわけではありませんが。

ガーデンワーク

今週は暑かった！
月曜日、炎天下での雑草取り。
汗だく…。
汗をふくタオルもべっとり。
汗が流れ落ち、化粧はすっかり流れてしまい、水分補給の水も直ぐになくなりました。

Sudeley Castle and Gardens にて、バラの香りに包まれての仕事

常勤女性ガーデナーのジェスが気を使って、途中から日陰での草取りに仕事を変更してくれました。助かった!!

昨年は暑さで倒れたボランティアがいたみたいです。私も今日は倒れそうでした。

ファーム・パブ

二番目のホストマザーのマリリンとはとても気が合います。庭の話、好きなCDの話、政治の話（EU離脱や新しい首相のこと）、ワンちゃんのこと、病気のこと（私も彼女も乳癌経験者）、いろいろな話題について少し理解できないながらも話しました。

夕方、ガーデンボランティアの仕事から戻ってくると暑い日は「冷たいワインのむ?」と出してくれます。

金曜日の夕方、「夕食後出かけるよ」と言われました。どこへ?と思っていると郊外にあるパブでした。

町の中のパブとは違っていて外ではミニ動物園のように、やぎ、豚、馬、鶏、アヒ

大好きなホストマザー Marilynとファーム・パブ前で

ルなど飼われています。

中にはとても古めかしい暖炉もありました。2人で行ったのですがパブにいたおじさんともお話をしました。マリリンの車で行ったので彼女はジュースでしたが私は2杯もビールを飲みました。

でも大好きなマリリンとはもうすぐお別れです。マリリンのところに決まって来週には移動という時に、現地コーディネーターのヴィンセントから7月末にはまた別のホームステイ先に移ってほしいと言われました。月末に日本から新しい留学生がマリリンのところに来るというのです。その留学生はマリリンの家の近くの学校に通学予定で、初めてなので学校から近いところに住み、自転車で通学したいらしいのです。それでマリリンのところがベストらしいのです。ヴィンセントも困っていましたのでそのお話を受け入れることにしました。私に用意された次のホストファミリーはチェルトナムの街の中で今の私の学校までは徒歩5分くらいだということです。二番目のところは大好きな場所だったのですが、学校からもチェルトナムの町からも遠いし、ガーデンボランティアをしているスードリー城まではバスを二つ乗り継いで通っていましたので決心しました。どうせ移動しなければいけないのならスードリーに通っているうちの方がよいのでは？　7月末は湖水地方や、ロンドンへの旅行でスケジュールがいっぱいでホームステイ先にいる時間もあまりないし、次のホームステイ先への移動日もいつにしたら良いか決めかねる。

そう思いヴィンセントにその旨伝え、次の日曜日に移動することになりました。

ストーク・オン・トレント

ボーンチャイナの生まれ故郷ストーク・オン・トレントは行ってみたい、できればウエッジウッドのアウトレットファクトリーに行ってみたいと思っていました。友達になったAさんも「一泊で行ってみようと思っているのだけれど」とのこと。私も一緒に行っていい?と彼女に同行することにし、ホテルを6月中に予約しました。その話を最初のホストマザーに話したところ「あんなところに二日もかけて行っても何も面白くない、陶磁器を買うならウースター（ロイヤルウースターやウースターソースで有名）に行った方がよい」と断言されました。私は、日本人は結構みんな行ってみたいと思っているところの一つだと拙い英語で説明したのですが、「あんなところ行く価値がない」の一点張り、私も考え込んでしまい、結局日帰りで行ってみることに

Emma Bridgewater 窯元

しました。友達のAさんは陶芸が趣味ということもあり、やはり一泊二日旅行で初志貫徹するとのこと。

ストーク・オン・トレントの駅を出て案内書通りにバスに乗って繁華街のあたりで降りて探しましたが、目的のアウトレットショップなどは見当たらず、結局タクシーに乗ってアウトレットショップまで連れて行ってもらいました。でも、ほしいものは見つからず買い物はせず、近くのレストランで食事をして、バスでまた先程の駅近くの方に戻ってきました。その後地図を見ながらエマ・ブリッジウォーターの窯元に行きました。ここの食器は現在のキャサリン妃のお気に入りということで最近とても人気の窯元ということでした。私たちもワクワクして見て回り、友達は、明日も来て実際に絵付け体験をする予約をしました。併設のガーデンもカフェもかわいらしくてすごく楽しいところでした。私はできればこの町でティーポットを買いたいと思っていたのですが、残念ながらここではまだお気に入りは見つからず、駅の裏の方のポートメイリオンまで歩いて行ってみました。もう閉店間際だったのですが、ありました！二つほしいのがあって悩みましたが、なにせ荷物が重くなるので一つだけにしました。

でも帰ってきて後悔、やはり二つ買っておけばよかったと。

クリーブ・ヒル

チェルトナムからウィンチカムに行く途中にクリーブ・ヒルが有ります。ゴルフコースですが散歩、乗馬、サイクリング、羊の放牧など何でもありです。マリリンのペットのワンちゃん2匹（モーリーとベイリー）のお決まりの散歩コースということで、日曜日、私も連れていってもらいました。

ホストマザーが子供の頃ここに住んでいたこともあり、顔パスで入ることができるようでした。

羊がいっぱい。当然のことながら羊の糞もいっぱい！　そのなかでワンちゃんたちは駆け回り、私たちはテニスボールを投げ、ワンちゃんたちはそれを取りに行って走る、走る！

羊のお母さんはワンちゃんから子供を守ろうと逃げ回る。

そのなかでゴルフしている人あり、乗馬している人あり、マウンテンバイク乗っている人あり、フットパスあり、ランニングあり、みんな楽しんでいました。そして眺めが素晴らしい!!

Cleeve Hill で、ホストファミリー宅の愛犬モーリー、ベイリーと散歩

この丘はコッツウォルズで一番高い地点もあるくらいですからコッツウォルズ全てが見渡せます。

またコッツウォルズストーンを切り出すと化石がいっぱい出てきたところなどもあり、とても興味深くまた気持ちよく日曜の午前中を過ごすことが出来ました。帰ったら素敵なお昼ご飯もありました。

とてもラッキーでハッピーな日曜日でした。でも残念ながら、夕方には別のホームステイ先に移動です。

ホームステイ先の変更　その二

二番目のホームステイ先はホストマザーとも気が合い、とても気に入っていたのですが、残念ながら一週間で移動しました。今度はアンティークな立派な石造りの家で、バス・トイレ付きの部屋です。

しかし、半地下でＷｉ－Ｆｉ弱くてつながりません。結構ストレスですね。学校ではつながるのでなんとかなっているのですが、こんなにも、Ｗｉ－Ｆｉに頼っていたのかと今更ながら思いました。

　ホストファミリーはとても良い方たちで、そしてお金持ち。地上3階地下1階のお家で、ベンツ、クラッシックカーなど所有。ご主人グラフィックデザイナー、奥さんナース、長女オックスフォードの大学病院で助産師、次女バース大学学生、息子さん高校生。世の中あるところにはあるものだと思いました。

　中国からの若い女子留学生もいます。これまたお金持ちの様子、貿易商の娘さんだとか。

　日曜日、おすしを作ってみなさんにご馳走しました。ナイフが切れなくて巻きずしがぼろぼろになってしまいました。日本から持ってきた海苔もボロボロになっていましたが日本の包丁のようにスパッとは切れないのです。日本の包丁の素晴らしさを再認識しました。それでも皆さん美味しいと食べてくださり、写真を撮ろうと思ったときにはもう半分くらい無くなっていました（笑）。持ってきた「巻きす」、役立って良かった。

ガーデンボランティア最終日

スードリー城でガーデンボランティアをやらせていただいてから早一ヶ月、もっと早くから始めたかった。6月12日にここのカフェで履歴書を書いて申し込んでから、なしのつぶて。結局同じ語学学校のKさんに紹介してもらって参加できました。あの苦労して書いた履歴書はどうなったのかしら？　ボランティアを始めてからここのボス（ヘッドガーデナー）に聞いてみたら、忙しくて見ていなかったとのこと！　ショックでした。

ボランティア作業の内容は芝生のエッジカット、バラの花柄摘み、雑草取り、ゴミ拾いなどでしたが、作業以外のことでも随分と勉強になりました。庭の作業道具の整理の仕方も学びました。又、同じ花でも場所によって雑草扱いで抜いたり、別の場所ではそのまま咲かせていたりで、なぜか聞いてみるとバラのそばの草花を抜くのはバラに栄養を行き渡らせるため、と教えていただき、なるほどと思いました。

地元のボランティアメンバーもいるようでしたが、曜日が合わずお会いできませんでした。

オランダから来ているトニーだけは数ヶ月間毎日ということで、私たちは同じ海外ボランティア同士ということで随分と助けていただきました。彼は弁護士とのことでしたがわざわざ仕事を休んでこちらで働いているのです。それはコッツウォルズの景色が大好きだからとのことでした。

7月21日木曜日、ガーデンボランティアの仕事も今日で終わりです。最終日はプライベートガーデン、ここは一般のお客様は入れませんが、この庭の持ち主が近々バケーションで来るらしいのです。プール、トランポリン、バーベキューセットなどがあり、今までとはちょっと様子は違いましたが、仕事内容は同じでした。

ヘッドガーデナーがそばにいたので仕事中写真はあまり撮れませんでしたが、最後にみんなで記念写真を撮らせていただきました。

ボスは「植え込みはできなかったけれど一通りのことは体験してもらえたと思う」というようなことを話されていたと思います。とても良い経験をさせていただきました。

語学学校最終日

私の通っていた語学学校は毎週月曜日に入学生が来て、金曜日には修了生が去っていきます（前述）。

それは研修期間がそれぞれだからです。私は十週間のコースで今日が最終日です。午後の授業はとっていないのでお昼にアンケートに答えて修了証をいただく予定でしたが、副校長から15時に修了証授与セレモニーがあるので参加しないか？と言われました。15時に学校に戻るとたくさんの生徒たち、今日は夏休み短期留学生も含めて修了生がたくさんです。そしてその友達も集まり大騒ぎ。一人一人修了証を手渡され記念撮影。とても楽しいセレモニーで印象的でした。副校長のお誘いに応じてよかったと思いました。セレモニー終了後、入学日が一緒だった日本人のMさんが送別ティーパーティに誘ってくれました。彼は来年の春までここで学ぶ予定です、羨ましい限りです。

副校長のWendy から修了証を受け取って記念撮影

カッスル・クーム

実はカッスル・クームについてはコッツウォルズに来てからも知りませんでした。日本人の友人からその名前を聞き、調べて見るととても美しい村、時が止まったかのように昔のまま、コッツウォルズで最も美しい村と言うことでした。バイブリーが最も美しいと聞いていたのですが同じくらいということなのでしょうか？

コッツウォルズの南の端の方でチェルトナムからは遠いのであまりおすすめできないとコーディネーターのヴィンセントから聞きました。しかし、写真を見るとやはり行ってみたい。

遂に昨日、電車2本そしてバスに乗り継ぎ、行ってきました。

やはり素敵でした。人もあまりいない、車もない（郊外に止めることになっているらしい）。

「時が止まったかのような村」とガイドブックに表現されていましたが、まさにそんな感じでした。マナーハウスのホテルが村はずれにあり、そこの庭がまた素晴らしい！　思いがけず、素敵な庭に出会えました。村は狭く二時間くらいで一周できまし

Castle Combe は時が止まっとように静かで美しい村

た。

日本人数人に出会い（ここは日本人に人気の場所みたいです）、お昼は一緒にパブでビールを飲み、食事をしました（パブは2軒だけでした）。

レイコック

カッスルクームは本当に時が止まったような古い町並みの美しいところでしたが二時間くらいで見学は終わりました。列車の駅のあるチッペナムからバスでレイコックも行けると知り予定変更でレイコックにも行くことにし、チッペナムに戻って来ました。しかし、やはり土曜日、バスは15：20までないことがわかり、バス時間までチッペナムの街を楽しむことにし、アイスクリームを食べながらカーニバル、マーケットなど見て回りました。

レイコックまでの所要時間はバスで20分くらい、15：40到着。

帰りのバスまで一時間くらいしかないことがわかり、スピードモードに。

ナショナルトラストのレイコックアビーまで大急ぎで行き、ここでもナショナルトラストの会員メンバーカード活躍。スムースに入場し、駆け足で回り、植物園も見学、美しかった。

また、ここもハリー・ポッターの撮影場所だったとのこと、さっそく写真撮りました。

というわけで今日は二ヶ所もガーデン見学が出来ました。レイコックの町は小さくしかし可愛らしく、古い町並みがそのままで、写真撮りたいのですが路駐の車だらけで残念。

バス停の近くのアンティークショップ、チョコレート屋さん、石鹸屋さんが可愛らしく印象的でした。

ここはお土産屋さんが多く、全部見たかったのですが、time out!

それにしても思いがけず素敵な観光が出来ました。来てよかった。

湖水地方・一日目

今回の最大希望のひとつ湖水地方、遂に来ました!

ホテルはウィンダミアとボウネスの間あたり、地図を見ると歩けそうだったので駅から歩いて行くことにしました。しかしあちこちに分かれ道があり、歩いても歩いても目的のホテルが見つからず不安になり何度もあちこちで聞き、ようやく到着。素敵なB＆B！　凄いビッグベッド！　部屋全体がとてもいい感じ、豪華。Ｗｉ－Ｆｉつながるのが何より有難い。

すでに一週間前から来ている語学学校の友達Aさんに連絡を取り、ビアトリクス・ポターのアトラクションの前で待ち合わせ、再会をしました。このアトラクションにはショップやミュージカルシアターも有り、ピーターラビットグッズはほしいものだらけです。落ち着け、と自分に言い聞かせ、とりあえず夜のピーターラビットのミュージカルの予約はしました。その後Aさんの希望でボートに乗ることになりました。手漕ぎじゃなくてモーターで動く方にしましたが、自分たちで操縦するボートで初めはオッカナビックリ。あまりスピードはでないことがわかり安心、余裕でウィンダミア湖クルーズを一時間楽しみ、その後、明後日のアクティビティの予約をし、Aさんお勧めの山の上へ登ってみました。湖と周辺が一望でき、自然を満喫。夕食後、ミュージカルでピーターラビットの世界に浸りました。

この地方はコッツウォルズ地方と違いチャコールグレーのスレート岩石を使ったB

小さなボートでウィンダミア湖クルーズ

&Bや、ホテルが多くそのどれもが窓辺に可愛らしい花を飾っていて、これまた美しい。観光とともに住宅ウォッチングも楽しみました。

湖水地方・二日目

二日目は先週インターネットで予約したビアトリクス・ポターのバスツアー。

ホテルまでツアー会社のバスが迎えに来てくれました。

バスに乗るとビックリ！　先日カッスル・クームで知り合いになった日本人女性2人組に再会。

再会をよろこび一緒にGo！

運転手さんはガイドも兼ねています。

まずはニア・ソーリーのヒル・トップ（ポターが住んでいたところ）。

家がそのままで保存されていて、庭もとても素敵で、菜園からはピーターが出てきそうな雰囲気。

次にポターギャラリーのあるホークスヘッドへ。

Beatrix Potter の住んでいた Hill Top、今にもピーターラビットが
飛び出して来そう

ここにはワーズワースの通った学校もあり見学。

途中ナショナルトラストの湖や山などにも寄って見学、とても美しいところばかり。ここ湖水地方はピーターラビットやワーズワースも有名ですが、西洋人はどちらかというと「自然」目当てでこちらに来ているようでした。本当に美しい自然です！ このためアウトドア用品のお店があちこちに、しかも安い。

私も寒かったせいもありフリースを£5で買いました。

その後、遊覧船でウィンダミア湖のクルーズ。

ツアーの途中ポターゆかりのホテルの前を通りました。昔お母さまが住まわれていた家とかで、先程の日本人女性お二人は今晩からこのホテルに宿泊予定とのことです。そして明後日7月28日はポターの誕生日でかつ生誕150周年の記念すべき日ということで、BBC放送の取材が来るとのこと。そこでこのお二人はTVに出ることになったのです。ビックリ！　すごい。

私もこのホテルに泊まってテレビの取材受けたかった、残念！

ツアー終了後、又、昨日行ったピーターラビットアトラクションのお店へ。色々回ったけれどお土産はここが一番安くてたくさんあるという結論に達し、結局色々買ってしまいました。

湖水地方・三日目

ここウィンダミアにはバスツアーのアクティビティを企画している会社がいくつかあります。

今日はマウンテンゴート社のハイマウンテンコースというツアーに参加しました。湖巡りのコースもあったのですが、クルーズは昨日経験したし、本日のコースには蒸気機関車に乗るメニューもあったのでこちらにしました。そして、語学学校で友達になったAさんもすでにこのツアーの申し込みをされており、ご一緒出来そうなのでそれも決め手の一つとなりました。

結果、素晴らしいツアーとなりました。

お天気も良く、次々と素晴らしい景色の連続。さすが国立公園です。

私の湖水地方のイメージは変わりました。湖水地方と言えば第一イメージは『ピーターラビット』だったのですが、今では『素晴らしい自然』となりました。

大自然の風景が本当に美しい湖水地方、さすが英国最大の国立公園

湖水地方・四日目

イギリスに来る前、雑誌で見かけたグラスミア・ジンジャーブレッド・ショップ、是非行って買って帰りたいと思っていました。バスツアーの途中で寄れるかな?と思っていたら寄り道なしでした！「19世紀から秘伝のレシピ、ここでしか売ってない、そしていつも行列」と聞くと行かないわけにはいきません。

早朝、ホテルをチェックアウトして、お店の開店時間に合わせてバスに乗りました。雨でしたが行ったかいがありました。スタッフは当時のままのエプロン姿で作業していました。ラブリー！

帰りのバス時刻を調べていたら、えっ？　もしかしたらこのまま駅を通り越してバスに乗り続けたら有名なレーベンスホール（ガーデンとお城）に行けるかも、諦めていたけれど何とか行けそう、二時間位なら滞在できるかも、よし、行ってみよう！場所はバス停から降りてすぐでした。ここはトピアリーが有名です。

素晴らしかった！　雨の中働いていたガーデナーさんたちともお話しできました。行って良かった。

そして、レーベンスホールから駅に向かうバスで昨日まで一緒だったAさんにばったり出会いました。

今日は別行動予定で昨日、「次は日本で会いましょう」とお別れをしたばかりでした。それが同じバスになるなんて！　嬉しかった。結局、Aさんは駅まで一緒に来てくれて、見送ってくれることになりました。一緒に買い物をして帰りの列車の時間に合わせてゆとりをもって駅へ戻りました。

Aさんはプラットホームで見送ってくれるとのこと。

しかしここで事件発生！　列車が動かないのです！

Aさんにはいつ列車が出るかわからないのでホテルに戻っていただくよう伝え、お別れしました（Aさんはもうしばらくここに滞在予定です、羨ましい）。

私は列車3本乗り継いで帰る予定で、指定席も予約していました。しかし列車は動く気配なし。

これでは次の列車に間に合わない！

盗難事件があったらしく、パトカーで警察が来ました。

ホームで被害者と容疑者の取り調べが始まりました。乗客たちが窓からその様子を見ています。

私も見ていましたが、容疑者も被害者も煙草を吸いながら警察と話をしています。列車の窓から乗客たちがはやし立てています、容疑者らしい男性はこれに腹を立て、取り調べ中というのに窓の方にこぶしを振りかざして向かって来ようとして、警察に制止されました。

列車の遅れに関しては一切アナウンスなし！

すべてが日本では考えられないことです。

取り調べがホームで行われ、両者煙草を吸い、そして乗客がはやし立てる、信じられませんでした。なぜ、駅舎内や警察署で取り調べを行わないのでしょう？

また列車の遅れに関しても何のアナウンスもなし、どうなっているのでしょう？

駅員さんに直接聞きに行くと「あと3分待って」とくり返すばかり。

そのうち、次の列車の乗客も乗ってきて満杯。

結局、一時間遅れで、これもアナウンスなく列車は突然動き始めました!!

おかげで乗り継ぎの列車には乗り遅れ、帰りはゆったりと帰りたいと思って予約した指定席もパーになってしまいました。そのフォローのアナウンスもありません。このため乗り継ぎの駅で次にどのホームの列車に乗り継げばよいのかわからなくなってしまいました。大勢の乗り継ぎ客の行く方についいて行ってとりあえず来た列車に乗りました。ところがそれは間違い列車らしいということに途中で気付き、慌てて途中下車。通じない英語でチェルトナムに行くにはどの列車に乗ればよいか聞いて、次の便だと教えてもらい、やっとのことでチェルトナム行きに乗り、なんとか無事に戻って参りました。

明日、ロンドンに行く予定です。

これならチェルトナムに戻らずまっすぐロンドンに行くプランにすべきでした。

ロンドン・一日目

昨夜遅くやっとのことで湖水地方から戻ってきた私ですが、今日7月29日からロンドン一泊旅行です。「疲れた」なんて言っていられません。列車予約はオフピークタイム（8：30以降）なので余裕です。

絶対に行きたいと思っていたところは大英博物館とバッキンガム宮殿。

バッキンガム宮殿内の見学は夏の間はＯＫの日があるとのことだが予約が必要らしい、また明日30日は行事の為一般公開はしていないとのことで今日29日しかないことが先週判明。日本でのサイトではもう予約は難しいことがわかり、ホームステイ先の娘さんに助けてもらって、ネットでバッキンガム宮殿公式ホームページからなんとか予約できました。

13：00の予約なのでホテルにチェックインしてからでも大丈夫、余裕、余裕と思って、歩くと、宮殿は見えているのに、交通規制等でなかなか見学の入り口にたどり着けず、走って、走って汗だくでギリギリセーフ。

おかげでビクトリア女王の像のある有名な広場では写真撮影の余裕なし！

厳しいセキュリティチェック後やっと入城。中は撮影禁止。

見学終了後、宮殿のティールームでクリームティー、ホッと一息。

その後お庭内のショップでロイヤルグッズを買い込み宮殿を後にしました。

今回のロンドンでの目標の一つに地下鉄攻略もありました。オイスターカードを買おうか悩みましたが、一泊二日なのでワンデーカードにしました。しかし途中、落としたことに気づきもう一度買いました。地下鉄路線図とにらめっこし、ここに行くにはあの駅でこの路線に乗り換え…と色々考え移動。おかげでロンドンの地下鉄は完全攻略できた気がします。しかし、歩いた距離もかなりで、足は痛くなり、ついに靴も壊れて新しい靴を購入。靴を取り替えても、足はまだ痛い、でもめげずにあちこちウィンドウショッピング。

　行ってみたかった王室御用達のスマイソンへ、娘へのお土産に財布を購入しました。

　夕食は日本のラーメン屋さんを見つけて博多ラーメン、とても美味しかった（ロンドンはラーメンブーム）。

ロンドン・二日目

　ロンドン二日目は大英博物館へ。全て見学するには丸一日かかると聞いてはいたけれどロゼッタストーンなどの重要ポイントのものだけ見ることにして急ぎ足で廻っても数時間かかりました。その後私のお気に入りのブランド、マーガレット・ハウエル本店、リバティ本店等へ、クリームティーを楽しみ、地下鉄に乗って国会議事堂、ビッグベン、ウエストミンスター寺院など見学しました。

　やはり一泊二日では足りなかったロンドンでした。

後方にLondon Eyeも見えます

カーブーツセール

昨夜遅くロンドンから戻り、明日は早朝からパリへ出発予定。今日はゆっくり休みながら明日の準備をする予定でした。しかし、朝食時、ホストファミリー一家が今日はチェルトナム郊外のカーブーツセールに出掛け出店予定とのこと、一緒に行かないか?と誘われました。

疲れてはいるけれど、興味津津!

行くことにしました。

カーブーツセールとは車に不要品を載せて行き、会場でそれらを広げる移動式ガレージセールのようなもの。チェルトナム郊外では毎週末開催されているとのこと。毎週100台以上の車が集まってくるらしいです。私のホストファミリーも年に数回出品するとのことで今回も大量の衣類や、雑貨など準備。会場は広大な野原のようなところで、食べ物の出店や花屋さん、八百屋さんなどもあり、その規模の大きさにビックリ! そしてすべてが安い!

店開きのお手伝いをしてから、私もあちこち見学しました。ほしいものだらけ、ア

素敵なアンティーク、ガーデン用品などが本当に安い！

ンティーク、食器、ガーデン雑貨もたくさんあります。しかし最近、私の買い集めたものが凄い量になってきていて、欧州ヤマト運輸の別送品依頼はしたものの、限界に近い状態。泣く泣くあきらめて小さな軽いものばかりを購入。残念…。

次回、イギリスへ行った時にはレンタカーを借りて真っ先に行ってみたいと思いました。

パリ・大変な初日

イギリスに行く前、知人に「ついでにパリに行ってきたら？ そしてモネのガーデンのあるジヴェルニーにも行くといいよ、パリはユーロスターですぐだよ」と言われました。

私には夢のような話で、本当に行けるのだろうか?と思っておりました。

現地コーディネーターに相談すると、旅行会社に聞いてみるといい、困ったら助けるからと。そこでトーマス・クックという旅行会社に行き、ユーロスターとホテルのパッケージツアーはあるかと聞いてみると£200位であったので、安いと思い即一人で予約。帰国前の8月に行くことにしました。モネのジヴェルニーツアーは日本のサイトから日本語ガイド付きを予約。

そして、8月1日から二泊三日の予定で出発。

ロンドンでの地下鉄移動や出国の手続きも今回はすいすいと進み、ユーロスターの指定席へ。ところが問題発生！　ここは私の指定席だという乗客が来たのです。えー！　私も26番ですと切符を見せると、なんと！　私、違う列車に乗っていたこと判明！　このユーロスターはパリのディズニーランドへの直行便でした！　相手の方に謝り、慌てて降りて私のユーロスターを探し、なんとか間に合いました。

ホームを1本間違えていたみたい、またやってしまいました。

ふぅー、危なかった、パリのディズニーランドに行くところでした。

その後のユーロスターの旅は快適に過ごし、パリ北駅に無事到着。

ホテルの場所がモンパルナスでちょっと遠くて気になったけれど、メトロかタクシーかでいけばいいかな？と思っていました。ロンドンのチューブに次いでパリのメトロ、RER、バスも自由自在に乗れるようになりたいと思っていましたのでパリ・ヴィジット（なんでも乗り放題のキップ）を購入。ベルサイユにも行きたいと思っていましたので広範囲のものにしました。メトロでホテルまで、と、ここまでは良かったのですが、駅から歩くとかなり遠い。しかし、途中素敵な公園もあったので、のんびり見学したりして、まあいいかなと思いましたが大間違いでした！　やはり安いものには落とし穴がありました。私にとっては最悪のホテル。マイナーな入り口（安宿といった感じ）、フロントはアラビア系の男性1人で笑顔も無し、なんとか英語は通じてチェックインしましたが、渡された鍵で部屋のドアが開けられない。廊下はセンサーライトなのかすぐに暗くなり、鍵穴が見えない！　フロントに行き、ドアが開かないと言うと、フロント近くの部屋で鍵の回しかたの見本を見せてくれたが、自分の部屋では出来ない！　またフロントに行き、今度は一緒に行って開けてくれるように頼むと、ムッとしてしぶしぶ同行。やっと開いた。大丈夫？このホテル。部屋がまた酷い、内装は赤と青でまとめられ、アラビア風というか怪しい雰囲気。私としては初めてのフランスの夜なのにこれはない！と思いました。寝具はカバー無しです。二泊の予定でしたが、このパリ旅行を不快なホテルで過ごしたくない、明日は違うホテルに変えるしかないと大急ぎでＷｉ－Ｆｉをつなぎ、Booking.comでチェック。この際高くてもよいと思い美術館近くの部屋の清潔そうなところに予約。

そんなこんなでもう気がつけば夕方、ああ半日つぶれてしまった。気を取り直し地下鉄でせめてエッフェル塔見学へ。上ることはできなかったけれど写真を撮って、エッフェル塔の見えるレストランで夕食をとることに。やはり食の都パリ、美味しかった！　そんなに食べられないと思いシーザーサラダとデザートだけにしましたが充分満足。結局サラダは食べきれなかった。

気が重いけれどホテルに戻り、またドアをフロントスタッフ開けてもらい（ムッとされながら）部屋へ。

バスルームも、シャワーも水の出が悪く酷かったけれど、とりあえず今晩一晩の我慢、おやすみなさい。

パリ・二日目

まんじりともせず翌朝を迎え、フロントへ。チェックアウトの話をするとムッとして反応しない、しかし私は急用が出来たのでイギリスへ帰らなければならないとウソを言い、無理やりチェックアウトをお願いすると「会計は？」と！　それは無いでしょ!!

ホテル代はパッケージで支払い済みと何とか説明し、書類を見せて（こんなこともしっかりしていないなんて、なんとひどいホテル）領収書も見せて税金だけ支払って急いでホテルを出ました。追いかけられるのでは?と怖くて全速力で走り地下鉄駅に向かいました。

あまりに不快だったので写真を撮る気も起きず、一枚も写真を撮りませんでした。しかし、後で考えると撮っておけば良かった！と後悔、この不快さも楽しむべきでした。

ともあれ、今日は主目的のモネのジヴェルニーへ。ツアーは7：45集合なので急いで昨日Booking.comで予約したホテルへ行き、先ずはチェックイン、と思ったら、ホテルでは予約連絡を受けていないとのこと。焦りましたが、時間がないので荷物だけ預けて、調べておいてもらうことにしました。そしてバスツアーの待ち合わせ場所へ、ツアーバスは日本人ばかりでなんだかホッとしました。

半日のモネツアーから戻り朝、荷物を預けたホテルへ行ってみると予約が確認されていて一安心、午後はベルサイユ宮殿へバスと地下鉄で行ってみました。ホテルのスタッフからはこの時間からだと難しいかもと言われましたがそのとおりでした。入城前のボディチェックが長蛇の列（写真撮れば良かった）。

並ばなくても直ぐに入場できるパリミュージアムパスポートを持っていてもセキュ

ジヴェルニー モネの水の庭、モネの絵そのまま

リティチェックには並ばなくてはならないと聞き、ベルサイユは写真だけ撮ってあきらめてオルセー美術館に行こうと予定変更。またバスと地下鉄でパリ1区に戻ってきました。というのも明日、ルーブル、オルセー、オランジュリーと3美術館を廻ろうと思っていたのですが、バスツアーのガイドさんにそれは時間的に難しいかもと言われたためです。確かにパリは広い！　地図では直ぐと思っても遠い！　遠い！

オルセーには4時頃着いたのであと二時間しかない、でもまずはティールームで一息ついて、さあ見学スタート。やはり印象派の作品群が素晴らしかった！　そして、バルビゾン派のミレーの絵もこんなにたくさん！

そして今晩、宿泊予定のホテル、ノルマンディーへ。素晴らしい対応でした。部屋も素敵で良かった！

これで私のパリ、ラストナイトは快適なものになりそうです。

そういえば思い出しました、パリ行きを勧めてくださった日本のガーデニングの先生は「パリ1区のホテルに泊まるといいよ」と言っておられました。そう、ここはパリ1区。昨夜のところはパリ4区。こういうことだったのかしら？

夕食は牡蠣料理、と思ったのですがお店が閉まっていて、隣の中華料理店へ。

しかし、夕食後店を出て歩いていると、先程の牡蠣料理店がオープンしていた！

時間が合わなかったみたい。残念…でももうおなかいっぱい…。

パリ・三日目

今日は「地球の歩き方」に紹介されていたモデルケースをお手本に歩いてみることに。ガイドブックではルーブルは朝一番に行きたい、とあったので9時に行く予定。その前に凱旋門は見ておきたいと思い、地下鉄でシャルル・ドゴール・エトワール駅へ。

ミュージアムパスポートで凱旋門には待たずに上れるのですが写真だけ撮ってとんぼ返りでルーブルへ。

ルーブルもパスポートがあったのでスムースに入館（ボディチェックはありましたが）。

時間が早かったのでモナリザの前も誰もおらず独り占め出来ました。有名な美術品だけ重点的に見学し二時間半で名残惜しく終了とし、ルーブルを後にして、本に囲まれたお洒落なル・フュモワールでランチ。

チュイルリー公園、コンコルド広場を見てシャンゼリゼの端をちょっとだけ歩き直ぐに戻ってオランジュリー美術館へ。ここはモネの『睡蓮』で有名ですがルノワールなどほかの画家の作品もたくさんありました。

パリで有名なスーパーマーケット「モノプリ」も覗いたけれどなんと言っても荷物をこれ以上増やさないことが私の課題であるし、時間もないので買い物は涙を飲んでサンダルのみ購入し、パリ北駅へ。ユーロスター、ギリギリセーフ。国境を越えましたイギリスに入国するので、入国カード等、やはり時間かかりました。

何故サンダルを購入したかというと、パリに来る時のユーロスター内で異臭がしたからです。初めは前の席の欧米の方たちの体臭かと思っていました（ごめんなさい）。しかし匂いの元は私の靴でした。歩きやすい靴でと思い、ガーデンワークや、羊の糞だらけの野原を歩き回っていた時のスニーカーを履いてきてしまいました（花の都パリに行くというのに！）。スニーカーは異臭を放つようになっていたのです。外を歩いているときには全く気が付きませんでした。帰りのユーロスターでは皆さんにご迷惑をおかけしないようにと足を拭いてサンダルに履きかえ、スニーカーはビニール袋に密封しました。

ロンドンに着いて、もうすっかり慣れた地下鉄に乗りかえ（一ヶ月前は迷子になり

ルーブル美術館、半日見学では足りなかった

かけたというのに)、パディントン駅へ。チェルトナム行きの電車に乗り換えホッと一息、チェルトナムには深夜到着。

やはりフランスには一週間位の予定で行くべきでした。見たいもの、ほしいものだらけ。数年後には…。

荷物

6月中旬位から、帰りの荷物のことが心配になり始めました。行った先々で買い物をするのでだんだん荷物が増えてきたからです。郵便局で送ることもできますが、ものすごく高い！

色々調べてみるとヤマト運輸では、帰国の際に送るとそんなに高くなく済みそうということがわかりました。チェルトナムにはヤマト運輸はないのでロンドン支店に電話してみました。日本語でいろいろと詳しく教えていただき、インボイスや、荷物リストを作成し送信しました。これには苦労しました。キーホルダーや石鹸の個数、本の冊数など本当に細かく、衣類も下着からアウターから事細かに値段や新品か使用済みのものか、などについても記載しなくてはいけません。CD、DVDなどはタイトル・作者の名前なども書かなくてはなりません。帰りのスーツケースを軽くしようと不要なものすべて箱詰めにしたので本当に大変でした。箱一つにつき25kgまで１８００円位、学生だったので割引ありで、結局二箱で3万円位でした（着払い）。荷物を送れるのは帰国前一週間以内とのことで、今日8月4日取りに来てもらうことになりました。ヤマトの人が来るのではなくヤマトが現地の運送会社に依頼して、そこの会社の人が引き取りに来るので何時に来るのかわかりません。来るまで家で待機です。午後3時頃やっと来ました。ちゃんと日本まで届きますように、祈るような気持ちでした。

夜は同じ学校の日本人の女の子たちが送別会をしてくれました。同じ家にホームステイしている中国人の女の子も誘い英語、漢字の筆談（中国人と通じやすい）などで盛り上がりました。

コッツウォルズ最後の日

コッツウォルズに憧れて留学して早三ヶ月、もうすぐ帰国。

しかし、行ってみたい町や村はまだまだたくさんあります。

せめてガイドブックに出ていたストウ・オン・ザ・ウォルドとアッパー&ロウアー・スローターには行ってみたいと思い、帰国前日、朝から出掛けてみることにしました。

まずはバスでストウ・オン・ザ・ウォルドまで行ってみました。アンティークを探すならここ!と言われているところですから見てみたいお店だらけ。まずは可愛いティールームでお茶を。その後バス時間ギリギリまでお店を覗きましたが、荷物はもう送ってしまったので買い物は極力我慢しました。辛い…。

次にロウアー・スローターへ、ストウ・オン・ザ・ウォルドからボートン・オン・ザ・ウォーターへバスで向かい、ひとつ手前のバス停で降りて、歩いて到着。途中、この先に本当に村はあるのか?と不安になるくらいでしたが、15分くらい歩いて美しい小川を発見! ここだ! 川が本当に綺麗な村でした。

コッツウォルズの景色は北海道に似ています

イギリスに来る前に読んだ『コッツウォルズをぶらりと歩く』という本で、この先のアッパー・スローターにはマナーハウスがホテルになったローゼス・オブ・ザ・マナーがあり、ここの食事も紹介されておりましたので、お昼はぜひここで…と考えてまた歩き始めました。地図も持っていたのに歩けども、歩けども到着せず不安になりましたが景色はまさにコッツウォルズ。

途中迷いこんだ家で道を教えてもらいやっと到着。素敵なホテル！　庭が綺麗でここでビールを飲みながらランチ、幸せ。本当にコッツウォルズを満喫しました。

その後歩いてボートン・オン・ザ・ウォーターを目指しましたがこの道でよいのか？　最終バスに間に合うだろうか？と、常に不安と背中合わせで美しい川沿いを歩いて、道行く人に聞きながらやっとのことで到着。前にも一度来たけれど、やっぱり素敵。この前、ガーデンコースの時には閉店していて入れなかったティールームで川を眺めてのお茶をする時間はありました。

歩きすぎて足がぼろぼろになったけれど充実したコッツウォルズ最後の一日でした。

でもやはり、コッツウォルズを周るには車が必要なことも再認識しました。

国際免許証持っていったのに勇気が出ず、遂に運転せずに過ごしてしまいました。

この次来るときは絶対にレンタカーでと思いました。

チェルトナムに戻って足はもう感覚がなくなっていたけれど頑張ってヴィンセントのところに挨拶に行きました。でも不在でした。残念。ジュリアやマリリンのところへ行く元気は無かった、ごめんなさい。

帰国

今日はいよいよ日本に帰る日です。飛行機はロンドンヒースロー空港発19：35、来る時と同じソウル・インチョン経由の大韓航空機です。空港でお土産を買おうと思っていたのでチェルトナムからは早めの空港行きのバスに乗ることにしました。バスは10：00発です。

ホストマザーのマーバッシュは今日は仕事なので朝食後記念写真を撮り、さよならのご挨拶をしました。ホストファザーのデイビットは自宅で仕事をされている方なのでバス停まで送ってくださるとのこと。車はベンツ、初めて乗りました。バスが来ました。デイビッドにさよならを言ってバスに乗車。バスの窓から見慣れたチェルトナムの街並み、通学路などを見て感傷に浸りながら写真を撮りました。一番目と二番目のホストマザーたちにご挨拶できなかったのが心残りでしたが、昨日自宅に訪ねても留守だったヴィンセントには今朝、電話でお礼を言えたので気が楽になりました。

ヒースロー第四ターミナルからの出発なので空港でバスを乗り継ぎました。乗り継ぎ待ち時間があったのでコーヒーとクッキーでくつろいでいましたが別のバスレーンにいることが判り慌てました。

そして第四ターミナル到着。お土産を入れるために荷物のほとんどは送り、スーツケースは半分以上あけておきました。しかし！ 店はあまりない、えー!! コンビニのような店とカフェ2軒くらいです。それでもチョコレートなどを買い、滞在中に購入した高額品の免税申告をするため地下3階の税関へ。

ガイドブックには免税申告は時間がかかる、買ったものとレシートは揃えておくようにと書かれていたので、それらは送らずにおりました。スーツケースから出し、構えて列に並びました。しかし品物を見せることなく書類のみですんなり終了。拍子抜けしました。

1階のフロアーに戻ったのは16：00頃で、大韓航空の手続きカウンターはまだ開いていません。カフェで一時間くらい過ごしましたが待っている人もいるので長居をするのは申し訳ない気がして店を出ました。もう一つのカフェも満席でパンや飲み物を買って店の裏側の椅子のある所へ行ってみました。東洋人らしい女の子が一人で座っていたので"May I sit here?" 彼女がうなずいたので座らせていただきました。彼女はずっとニコニコしているのでどこへ行くのか聞いてみました。すると、"Japan" という答え。

16歳で初めて夏休みにイギリス留学して日本に帰るところでした。あどけない感じの女の子だったので一人で初めてと聞いてその度胸にびっくり。同じ便かな？と思って飛行機について聞くとアブダビ経由の20：00の名古屋行きということです。私は中東＝不安とおかしな先入観を持っていたのでその勇気にまたびっくりしました。

そうこうしているうちに出発時間が近くなり、彼女にさよならをしました。

出発ロビーに行くと免税店がいっぱい、なあんだここで買い物するべきだったと思いましたがもう時間がない。大韓航空の出発ゲートははるか向こう！　慌てて買い物をしつつ、ぎりぎりセーフで搭乗（あんなに時間を持て余していたのにぎりぎりセーフとは…）。

隣の席は日本語のできる韓国人女性ともう一方には赤ちゃん連れの韓国の若い２人。赤ちゃんはずっと泣いていて、お母さんもお父さんも交替で抱っこし、ソウルまでの十一時間はとても大変そうでした。インチョン空港での乗り換えの待ち時間は四時間くらいあり、この間スマホを充電し、ブログ書いて、韓国土産を買って過ごし、やっと千歳行きの飛行機へ。荷物は25kg2個も送っていたので税関手続きに時間かかるかな?と構えていたのですがすんなり入国。

娘がなんと車を運転して迎えに来てくれていました!

私はすっかり西洋かぶれで、ハグをして「ただいまー」。

自宅の湯船にゆったり浸り「やっぱり日本のお風呂は素晴らしい」としみじみ思いました。

あとがき

人生百年時代と言われつつある昨今、シニア世代になってからが新しい人生だと思います。この年代をどう過ごすかが人生の充足度の目安になるのではと考える今日この頃です。いくつになっても新しいことにチャレンジはできる、してみたいと思っています。また、年を取るということは経験数・体験数をたくさん持っているということですから、それを生かして幅広いチャレンジができるのではないかと思います。そのためには健康な体と心、体力は必要不可欠でそのための努力もすべきとは思います。

今回のイギリス留学、そして本書の発刊においても、ともすれば躊躇し、やめようかしらと思うことも何度かありましたが、チャレンジ精神と多くの方々のご協力で実現することが出来ました。ご協力いただいた皆様に、この場をお借りしてお礼を申し上げたいと思います。

「イングリッシュガーデンを学ぶ」という当初の目的を十分に達成することができただろうか?と考えると疑問が残るところではありますが、本書の発刊も含めて総合的には素晴らしい体験ができたのではないかと思っております。

本書を読んでくださった方たちに、『おじさん・おばさん（おじいさん・おばあさん）になっても、行動を起こすことはできるんだ』と奮起していただきたいのです。自分も留学でもしてみようかな?　又は、海外にしばらく住んでみたいけれど、この年で大丈夫かな?　などと思っておられる方の参考にしていただけると幸いです。「年だから」とあきらめちゃいけない!!　『チャレンジすれば何らかの道は開ける』というメッセージを送りたいと思います。

著者プロフィール

杉山 美恵子（すぎやま みえこ）

1979年、北海道大学薬学部卒業。

薬剤師として勤務の傍ら出勤前、帰宅後、休日など寸暇を惜しんでガーデニングに勤しむ。

2009年より北海道のオープンガーデングループに参加し、ガーデナー仲間との交流を深めている。

2016年、イギリスに三ヶ月間の短期留学。

2019年、イギリス再訪、留学中のホームステイ先のホストファミリーや現地コーディネーターとの再会を果たす。

コッツウォルズ大人留学日記

イングリッシュガーデンを学びたくて…

2020年1月15日　初版第1刷発行
2021年12月25日　初版第3刷発行

著　者　杉山 美恵子
発行者　瓜谷 綱延
発行所　株式会社文芸社
〒160-0022　東京都新宿区新宿1－10－1
電話　03-5369-3060（代表）
03-5369-2299（販売）

印刷所　株式会社暁印刷

ISBN978-4-286-21215-9